水经注

郦道元◎著

北方妇女儿童出版社

目录 COTTON

序

中华民族要实现伟大复兴，必须有凝聚力。凝聚力的基础是人民具有民族自尊心、自信心，而民族自尊心、自信心的根本来源于对民族文化优秀传统的明确认知。

值得欣慰的是，博大精深的中华传统文化，蕴含着丰富的精神资源。生生不已的变易之道，居安思危的忧患意识，富贵不淫、贫贱不移的大丈夫气概，民为邦本的政治哲学，正德、利用、厚生相统一的精神物质兼顾的文明观，等等，都是开启今人智慧、滋养今人心灵的营养。

为了适应全民阅读的需求，我们本着以弘扬传统文化、传承中华文明为宗旨，精心设计了这套深入浅出，今古相合，适合全民阅读和理解古代先贤智慧的《中华国学经典全民阅读书库》。

本书特点鲜明，以采用多视角、多元化、多维度的图解式为启动引擎，每册图书分为六大版块：阅读图解、观古阅今、辅导讲坛、原典新释、古韵体验和延伸阅读；通过这些版块，详细生动地从不同功用上对丛书之每一国学经典进行全方位的介绍，辅助读者理解古籍中生僻难解之处，有益于在古诗文学习上的理解和提高。

国学，作为一种历史、一种传统、一种文化、一种非物质文化遗产，它所蕴藏的经验、智慧和启示，穿越时空延展至今。我们用它来化解心灵的危机，解释当下的生存困境，救赎迷惘的灵魂。我们正处在现代化进程中，需要从古籍中发掘中华民族固有的传统文化基因作为促进社会进步的重要支撑点，这正是全民阅读国学重要性之所在。

国学流传了几千年，不腐更不会朽，它是清新而流动的活水，万古长青，生机盎然。有鉴于此，我们组织学术界的一流专家，编辑了这套图书，以飨读者。

编者

2015 年 3 月

阅读图解

Yue Du Tu Jie

水经注

阅读结构图解

No.1

阅读图解：这部分内容用和谐的色彩和图形来对本书作者、历史影响等内容进行解读，简单、清晰、直观，有利于读者轻松把控和阅读本书。

No.2

观史阅今：这部分包括本书的历史传承、影响，以及本书的历史地位、作用、意义等内容，起到点睛之笔的作用，能够让读者做到对经典著作的深入和精细化阅读。

No.3

辅导讲坛：用简短、精炼的语言对每一篇的内容进行概括、总结，以期读者更加快速地从宏观角度掌握本书的主要内容。

No.5

古韵体验：用体验的方式阅读，具有亲历性和验证性，当把书籍的内容用在实际中，是活学活用，也是学以致用，《水经注》对我们理政、经商、治学、教育等均有广泛用途，有针对性地用在实践中，是我们阅读的目的。

No.4

原典新释：选取和本书相关的人物、图书、影视以及经典的词句、思想等内容，以增加读者的文化积淀，拓宽视野，培育创造力。

No.6

延伸阅读：这部分内容包括原典、注释、译文和铭记链接，侧重对原典的正确解读，注释译文力求简明准确，链接知识紧扣文本，重在凸显原典主旨，弘扬传统文化。

阅读提纲图解

1.《水经注》是北朝北魏地理学家郦道元，在《水经》基础上的再创作，他参阅四百多种图书，十余年走遍大江南北而完成，是我国最全面、最系统的以河道水系为主的综合性地理著作，全书共四十卷，三十万字左右。

2.《水经注》共记述了1252条河流，及有关的历史遗迹、人物掌故、神话传说等，今人可以运用来研究古代水道变迁、湖泊湮废、地下水开发、海岸变迁、城市规划、历史时期气候变化等诸多课题。

原文部分参照多家白话文本及诸家注、疏、笺、校本，文章经梳理后，以中国现代标点符号标明句读，以方便读者阅读。

中华国学 经典全民 阅读书库

"又东过天水北界"条

原文

苑川水出勇士县之子城南山①，东北流，历此成川，世谓之子城川。又北迳牧师苑，故汉牧苑之地也。羌豪迷吾等万余人②，到襄武、首阳、平襄、勇士，抄此苑马，焚烧亭驿，即此处也。又曰：苑川水地，为龙马之沃土，故马援请与田户中分以自给也③。有东、西二苑城，相去七十里，西城，即乞佛所都也④。又北人于河也。

注释

①子城：大城所属的小城，即内城及附郭的瓮城或月城。

②迷吾：是烧当羌豪滇吾之子，儿子迷唐和兄弟号吾经常率兵到边境捣乱。

③自给：依靠自己生产，满足自己需要。

④乞佛：复姓。北魏有乞佛成龙 。见《魏书》。

注释部分是对古今异义（异音）、生僻、难解等词语进行注释，力求准确严谨，古今相通，简洁明白，便于读者阅读。

3.《水经注》既是古代的地理名著，又是一部优秀的文学作品。对于研究中国的古代历史、地理有很高的参考价值。他赋予地理描写以时间的深度，又给予许多历史事件以具体的空间真实感。

4.《水经注》对于中国地理学的发展做出了重要贡献，在中国和世界地理学史上有重大影响。《水经注》中山川景物的描写，还被作为文学作品受到后人高度评价。这一不朽名著，亦存在一些缺点和错误，曾引起学者的批评。

译文

苑川水发源于勇士县的子城南山，往东北流经此成川，世人称为子城川。又往北流经牧师苑，就是从前汉时的牧苑地方。羌族豪迷吾等万余人，到了襄武、首阳、平襄、勇士等地，掠夺了苑里的马匹，焚烧了亭和骚站，就是这地方。又说：苑川水地区是龙马的沃土，所以马援请求与田户平分以自给。这里有东西两座城，相距七十里。西城就是乞佛建都的地方。水又往北流，注入河水。

译文部分参考诸家注、疏、笺、校本，以现代白话的形式解说文言文原文，以帮助现代读者理解原文，明白其意思。

经典语录

1. 河者，水之气，四渎之精也，所以流化。
2. 巴东三峡巫峡长，猿鸣三声泪沾裳。
3. 泉源上奋，水涌若轮。
4. 水德含和，变通在我。
5. 乱世用重典。
6. 今池水东西七十里，南北十七里，紫色澄清，潭而不流。水出石盐，自然印成，朝取夕复，终无减损。”
7. 黄河在砥柱山以下，合有十九滩，水流迅急，势同三峡，破害舟船，自古所患。
8. 俯视游鱼，类若空悬矣。

经典语录是对文章内涵的延伸，所选内容和名言都是本书中知名度最高、对后人启发最深刻的，能够拓展读者视野，加深读者记忆，提高阅读质量。

作者年谱图解

公元 472 年

郦道元生于涿州郦亭（今河北省涿州市道元村），郦范的长子，在我国郦姓宗族里面排列第九十八世。

约公元 486 年

因父亲郦范担任青州刺史，跟随父母居住青州（今山东省青州市）。父亲去世后，郦道元继承爵位，被封为永宁伯，担任太傅掾。

公元 493 年

北魏王朝迁都洛阳，郦道元出任尚书郎。

公元 494 年

跟随魏孝文帝出巡北方，因执法清正，被提拔为治书侍御史。

公元 501 年

郦道元担任冀州镇（今河北省冀州市）东府长史，采取严厉手段，打击邪恶势力。为政严酷，奸匪盗贼闻风丧胆，纷纷逃往他乡，冀州境内大治。

公元 504 年

郦道元调任颍川（今河南省许昌市）太守。

公元 508 年

调任鲁阳（今河南省鲁山县）太守，上表请求在当地建立学府，教化乡民。蛮人服其威名，不敢为寇。

公元 513 年

升任辅国将军、东荆州刺史，威猛为政，如在冀州。其后，蛮人向朝廷诉讼郦道元为官严厉，朝廷召郦道元返回洛阳。

公元 523 年

郦道元担任河南尹，治理京城洛阳。其后，奉诏前往北方各镇，整编相关的官吏，筹备军粮，作好防守边关的必要准备。

公元 525 年

徐州刺史元法僧背叛北魏，投降南梁。郦道元奉诏率军征讨，全军在涡阳（今安徽省涡阳县）奋勇拼杀，多有斩获。返回京城后，升任御史中尉。

公元 527 年

南齐皇族、北魏雍州刺史萧宝夤在长安（今陕西省西安市）发动叛乱，元徽、元悦使出借刀杀人之计，竭力怂恿胡太后任命郦道元为关右大使，去监视萧宝夤。萧宝夤得知情况，立即发兵包围郦道元。贼兵攻入阴盘驿亭，郦道元怒目骂贼，被叛贼杀害，终年五十六岁；其弟郦道峻、郦道博，长子郦伯友、次子郦仲友，都被叛贼杀害。萧宝夤下令收殓郦道元，殡于长安城东。

公元 528 年春

魏军收复长安，郦道元还葬洛阳，被朝廷追封为吏部尚书、冀州刺史。三子郦孝友承袭爵位。

作者简介

郦道元，字善长，范阳涿州（今河北涿州）人。是北朝北魏时期，杰出的地理学家、散文家、官员。道元出生于官宦世家，他的父亲郦范年少有为，在太武帝时期，给事东宫，后来他以优秀的战略眼光和思想，成为了一名优秀的军师，曾经做过平东将军和青州刺史。郦范去世后，郦道元接替他的职位，步入仁途。

郦道元先后在平城（北魏首都，今山西省大同市）和洛阳（公元493年北魏首都南迁到这里）担任过骑都尉，御史中尉和北中郎将等中央官吏，并且多次出任地方官，做过冀州（今河北省冀县）长史，鲁阳郡（今河南省鲁山县）太守，东荆州（今河南省唐河县）刺史，河南（今洛阳）尹等职务。

郦道元前半生，北魏正是鼎盛时期，公元439年，北魏太武帝统一北方之后，经过献文，文成等诸多帝王的励精图治，至后来的北魏孝文帝的积极改革，北魏国力日渐强盛。郦道元也跟随孝文帝等人致力于统一大愿的实现。然而，在孝文帝死后，北魏从500年开始，国内矛盾又开始高涨起来，逐渐走下坡路，至527年，六镇叛乱，四方乱徒揭竿而起。

郦道元在做官期间，“执法清刻”，“素有严猛之称”。颇遭豪强和皇族忌恨。皇亲元微诬陷叔父元渊，郦道元力陈事实真相，元渊得以昭雪；元微因此嫉恨郦道元。皇族元悦之亲信丘念仗势操纵州官选用大权，郦道元密访其行踪，将其捕获入狱。元悦请皇太后胡仙真说情，郦道元坚决依法处死丘念，并以此弹劾元悦。元悦从此怀恨在心。

北魏孝昌三年（公元527年），元微、元悦使出借刀杀人之计，竭力怂恿胡太后任命郦道元为关右大使，去监视萧宝夤。郦道元在奉命赴任关右大使的路上，雍州刺史萧宝夤受汝南王元悦怂恿派人把郦道元一行围困在阴盘驿亭（在今陕西省临潼县东）。亭在冈上，没有水吃，凿井十几丈，仍不得水，最后力尽，和他的弟弟郦道峻以及两个儿子一同被杀害。

一代英豪就此陨落。郦道元一声生勤于读书和著述。《魏书》卷八十九说："道元好学，历览奇书。撰注《水经》四十卷，《本志》十三篇，又为《七聘》及诸文，皆行于世。"但除《水经注》外，其余著作都已亡佚。

《水经》是三国时代桑钦所著的一部地理学著作，此书简要记述了137条全国主要河流的水道情况。原文仅1万多字，记载相当简略，缺乏系统性，对水道的来龙去脉及流经地区的地理情况记载不够详细、具体。为此郦道元利用自己掌握的丰富的第一手资料，在《水经》的基础上，郦道元终于完成了《水经注》这一地理学名著。

著书时间

《水经注》成书于北魏晚期，历经十余年始成。郦道元在给《水经》作注过程中，十分注重实地考察和调查研究，同时还博览了大量前人著作，查看了不少精确详细的地图。

作为一位杰出的地理学家，郦道元在《水经注》的序言中对前代的著名地理著作进行了许多点评。秦朝以前，我国已有许多地理类书籍，但当时国家不统一，生产力水平不发达，人们对地理的概念还比较模糊，这些作品中普遍存在的问题就是虚构，如《山海经》、《穆天子传》、《禹贡》等。郦道元坚决反对"虚构地理学"，他在《水经注》序言中提出了自己的研究和工作方法，那就是重视野外考察的重要性。在漫长的中世纪，西方世界正处在基督教会统治的黑暗时代，全欧洲在地理学界都找不出一位杰出的学者。东方的郦道元留下了不朽的地理巨著《水经注》四十卷，不仅开创了我国古代"写实地理学"的历史，而且在世界地理学发展史上也占有重要的地位，不愧为中世纪最伟大的世界级地理学家。

名家点评图解

《魏书》说："道元好学，历览奇书。"

唐代李白、杜甫的诗，都吸收了《水经注》的艺术滋养。

柳宗元的《永州八记》文章实脱胎于《水经注》。

宋朝苏轼说:“嗟我乐何深,《水经》也屡读。”

清初学者张岱说:“古人记山水,太上郦道元,其次柳子厚,近则袁中郎。”

原德国柏林大学校长、国际地理学会会长李希霍芬(1833年-1905年)称郦道元《水经注》是“世界地理学的先导”。

东南亚学者认为郦道元是“中世纪世界上最伟大的地理学家”。

水经注
水者，地之血气，水具财也。

观古阅今

Guan Gu Yue Jin

水经注

北魏，是水经注的作者，郦道元所处的时代。那是一个动荡不安的时代，北方有北魏、北齐、北周政权，南方先后有刘宋、南齐、南梁、南陈政权，郦道元只能活动在北魏统治的疆域。但他的著作并没有受到政权和域的限制，他的视野远远超出了北魏政权统治的范围，反映了他盼望祖国早日实现统一的心情。

一部千古奇书，在郦道元的笔下，缓缓展开。郦道元自幼勤奋好学，父亲为官，少时便随友游历名山大川。他广泛阅读各种奇书，并立志为西汉桑钦编写的地理书籍《水经》作注。为此，他研究的文献达到四百多种，历经十余年，终于完成这部鸿篇巨制。《水经》成书只有一万五千字，而一部《水经注》，成书达四十卷，共有三十余万字。

郦道元在实地调查中原地形地貌后，又广泛搜罗南方的各种地理著作，进行对比研究后形成自己的理论。郦道元为何要为《水经》作注呢？在他自己的序文中写道：首先，古代地理书籍《山海经》过于荒杂，《禹贡》、《周礼》只具轮廓，《汉书地理志》记述又不详备，而一些都、赋限于体裁不能畅所记述。《水经》一书虽专述河流，具系统纲领，但未记水道以外地理情况，他在游历时所见所闻十分丰富，为了把这些丰富的地理知识传于后人，所以他选定《水经》一书为纲来描述全国地理情况。正如学界泰斗王先谦所说：郦道元注《水经》的目的在于“因水以证地，即地以存古”。

《水经》是中国第一部记述河道水系的专著。郦道元就力之所及，搜集了有关水道的记载和他自己游历各地、跋涉山川的见闻为《水经》所注，对《水经》中的记载以详细阐明并大为扩充，介绍了1252条河流。注中除记载水道变迁沿革外，还记叙了两岸的山陵城邑、风土人情、珍物异事。凡北魏以上的掌故、旧闻都可以得到考证。单以兵要地理资料一项而言，全注记载的从古以来的大小战役不下300次，许多战例都生动地说明了熟谙地理，利用地形，争夺桥梁、险道、仓储的重要性。是我国最全面、最系统的综合性地理著作。该书还记录了不少碑刻墨迹和渔歌民谣，文笔绚烂，语言清丽，具有较高的文学价值。

走进《水经注》，仿佛走进了一个博大而庞杂的世界，一条条河流，焕发了生机，汩汩奔流着，从远古流到现在。黄河的水依然很黄，黄河岸边的子民依然需要它的滋养，河者，荷津分布，怀阴引渡。作者开篇就将河的本质淋漓尽致地展现在读者面前，直接指出，河乃是四渎精气所化生，是地之血水，若是我们生存的这块土地上，没有河水流过，那人类将面临毁灭，就好像肌肤没有了血液的滋养。在郦道元的身后，《水经注》以各种抄本的形式，走进了宫廷，走进了民间，走进了大唐，皇室秘府内一直保留着它的位置。唐代诗人陆龟蒙有诗“山经水疏不离身”，可见《水经注》在唐代已大为流行。

北宋太平兴国年间，一个叫乐史的人在翻看它，查找有用的资料，乐史在编一部更大的书《太平寰宇记》。他翻阅的《水经注》依然完整无缺，保留着整齐的阵容。又过去大约四十年，到了宋仁宗景祐年间，宫廷清点皇家崇文院三馆内的藏书，编写《崇文书目》，这时的《水经注》已迷失了五卷，从有关史料记载可以知道当时崇文院的藏书是别有副本的，可再没有《水经注》补足的消息了。

明清以后，无数的学者前赴后继地涌进了郦学研究的大军，明代皇室宗亲，藏书家朱谋玮著有《水经注笺》，清初顾炎武、顾祖禹、阎若璩、胡渭等人又治《水经注》。在此基础上，乾隆年间更有全祖望、赵一清、戴震三人全力以赴，各成专书。光绪年间，又有王先谦汇列全、赵、戴三家校语，参考其他研究成果，撰成《合校水经注》。他们不但从大体上分清了先前被混淆的经文与注文，补齐了脱佚的五郑《水经注》，而且纠正了郦道元《水经注》中原有的错误。《水经注》已逐步接近原貌。然而，上述诸家仍存在不少问题。清末民初的学界泰斗杨守敬为写《水经注疏》，对《水经》和《水经注》作了深入研究和考订，他总结前人研究成果 ，与其门人熊会贞历时数十年，写成地理学专著《水经注疏》，使郦学研究趋向巅峰。

1904 年，《水经注疏》稿成四十卷，是“郦学”集大成之作，“以《经》顶格，《注》水者低一格，其泛引故事者，再低一格，以清眉目。”这是郦学研究中最后形成的地理学派。《水经注疏》中“凡郦氏所引之书，皆著出典。”如《水经注 · 江水二》：“自三峡七百里中，两岸连山，略无阙处……猿鸣三声泪沾裳”之句，传诵千古。又，杨守敬每每点出：“此戴袭赵之确证。”熊会贞称：“戴多本《大典》本，不尽本《大典》，而戴之冤可大白于天下，戴之伪亦众著于天下矣。”另有《水经注疏要删》和《补遗及续补》两部简本。1970年代史念海根据《水经注》和李吉甫《元和郡县志》的描述，推算黄河从公元527年至现代平均每年后退3.3米的结论。1984年吴天任在台北艺文印书馆出版《水经注研究史料汇编》，收录了郦学史料共一百七十八篇。

改革开放以后，对《水经注》的研究成为国内（包括港台地区）学术界的一个热点，且有不断升温的趋势。研究涉及到《水经注》所包容的地理学、历史学、金石学、方言学、军事学、文学等众多学科，还包括对郦道元生平、《水经注》的价值、《水经注》的版本、“赵戴相袭”公案、历代郦学家治郦过程等问题的探讨，研究成果非常丰富。

辅导讲坛

Fu Dao Jiang Tan

水经注

本书的阅读，以多视角，多元化，多维度为启动引擎，在阅读时从两个主体部分着眼，就会得到相得益彰的效果。

一、版块辅导

全书共分为六大版块：阅读图解、观史阅今、辅导讲坛、原典新释、古韵体验以及延伸阅读。

图形也是一种语言，但它比文字简练、直观、立体，同时也蕴含着丰富的信息。本书的阅读图解部分就是最好的证明，这部分内容是对整本书的结构概括、作者生平以及本书的历史影响及文学地位的直观展示。

接下来是观史阅今，读者可以从这部分概括性的语言中对本书的意义、传承、影响等方面有一个总体的了解。这样，在阅读原著的时候就能更轻松地领悟作者的思想精髓。

原典新释是本书的重中之重，它主要由原文、注释、译文和经典语录等知识版块组成。梳理原文，并对生僻难解的字词进行注释，同时还配有相应的译文，这些都有利于读者理解国学经典内容。此外，在每一篇文章后面都加了一个紧扣本篇内容的铭记链接知识。这样不仅能加深读者的记忆，而且还开阔了读者的视野，达到了全民阅读“品味经典，弘扬传统文化”的目的。

古韵体验，这也是当我们读完这本经典著作之后的收获和感想。我们都能领悟到作品哪些思想精髓，应该怎么做才能真正地弘扬中华传统文化，实现中华民族的伟大复兴呢？

二、原著辅导

《水经注》是古代中国地理名著，共四十卷。作者是北魏晚期的郦道元。

《水经注》因注《水经》而得名，《水经》一书约一万余字，《唐六典·注》说其“引天下之水，百三十七”。《水经注》看似《水经》之注，实则以《水经》为纲，详细记载了一千多条大小河流及有关的历史遗迹、人物掌故、神话传说等，是中国古代最全面、最系统的地理著作，里面记录了不少碑刻墨迹和渔歌民谣，文笔绚烂，语言清丽，具有较高的文学价值。由于书中所引用的大量文献中，很多在后世散失了，所以保存了许多资料。

《水经注》是一部历史、地理、文学价值都很高的综合性地理著作，本书摘选了其中部分章节。《水经注》深入广泛地记录了河流水系的各种知识，包括河谷的宽度、河床的深度、水量和水位的季节变化，含沙量、冰期等，如洞庭湖“湖水广圆五百厘，日月若出没于其中”，华池“池方三百六十步”，黄河孟津河段的冰层厚度“寒则冰厚数丈，冰始合，车马不敢过”。(河水)一篇，专讲黄河及其上游水系，是《水经注》全书最长的一篇，《水经注》对二次黄河改道称之为“大河故渎”和“玉莽河”，水文地理描述详尽。

《水经注》不仅讲河流，还详细记载了河流所经的地貌、地质矿物和动植物，所记矿物如金、银、铜、铁、锡、汞等，非金属矿物有雄黄、硫黄、盐、石墨、云母、石英、玉、石材等20余种，岩石19余种。《水经注》中记载了许多古生物残骸化石和遗迹化石，渭水上游成纪县(今甘肃庄浪县)僵人峡还有人类化石。后世可以从中了解古代的耕作制度、古代植物种类和植被分布，动物的地区分布及其活动的季节性，以及古人如何利用它们取得经济效益。

《水经注》还记录了不少古代的陵墓和墓前碑刻，明确指出江陵城池。所记的一些政区建置往往可以补充正史地理志的不足。所记的县级城市和其他城邑共2800座，古都180座，除此以外，小于城邑的聚落包括镇、乡、亭、里、聚、村、墟、戍、坞、堡等10类，共约1000处。在这些城市中包括国外一些城市，如在今印度的波罗奈城、巴连弗邑、王舍新城、瞻婆国城等，林邑国的军事要地区粟城和国都典冲城等都有详细记载。交通地理包括水运和陆路交通，其中仅桥梁就记有100座左右，津渡也近100处。经济地理方面有大量农田水利资料，记载的农田水利工程名称就有坡湖、堤、塘、堰、堨、覩、墱、坨、水门、石逗等。兵要地理方面，全注记载的从古以来的大小战役不下300次，许多战役都生动说明了利用地形的重要性。

郦道元写景文字，遗词精当，都以不同风格的语言，表达不同性格的山水，仅就描写瀑布，它所用的词就有：泷、洪、悬流、悬水、悬涛、悬泉、悬涧、悬波、颓波、飞清等，多收录生动优美的故事神话、人物典故、民俗物产、人文遗迹、建置沿革、民间歌谣、谚语方言，“片语只字，妙绝古今”，引书多达437种，辑录汉魏金石碑刻350种。唐代李白、杜甫的诗篇里，都吸收了《水经注》的艺术滋养，柳宗元的《永州八记》文章实脱胎于《水经注》。

随着时代的变迁，地势的变异，郦道元所处时代的山水，也许有些已发生变异，溯本追源，里面所记录的地理知识与今天的实际情况有些不符，很多学者曾指出过本书的疏漏和错误，那都是在所难免的，瑕不掩瑜，《水经注》的巨大价值并不因此而改变。

原典新释

Yuan Dian Xin Shi

水经注

河　水

“河水”条

原文

《春秋说题辞》曰：河之为言荷也①。荷精分布②，怀阴引度也③。《释名》曰：河，下也，随地下处而通流也④。《考异邮》曰：河者，水之气，四渎之精也⑤，所以流化⑥。《元命苞》曰：五行始焉⑦，万物之所由生，元气之腠液也⑧。《管子》曰：水者，地之血气，如筋脉之通流者，故曰，水具财也。五害之属⑨，水最为大，水有大小，有远近，水出山而流入海者，命曰经水⑩；引佗水入于大水及海者，命曰枝水；出于地沟，流于大水⑪，及于海者，又命曰川水也⑫。《庄子》曰：秋水时至，百川灌河，经流之大⑬。《孝经援神契》曰：河者，水之伯⑭，上应天汉⑮。《新论》曰：四渎之源，河最高而长，从高注下，水流激峻，故其流急。徐干《齐都赋》曰：川渎则洪河洋洋⑯，发源昆仑，九流分逝，北朝沧渊⑰，惊波沛厉⑱，浮沫扬奔。《风俗通》曰：江、河、淮、济为四渎。渎，通也，所以通中国垢浊。《白虎通》曰：其德著大，故称渎。《释名》曰：渎，独也，各独出其所而入海。

注释

①河：在古代泛指黄河。

②荷精分布：天地精气负荷，于四方各地散布。

③引：导引；度：同渡，由此及彼，穿流。

④通流：指通行。

⑤ 四渎（dú）：我国古代对四条独流入海的大河的称呼，即长江、黄河、淮河、济水。济水古时候也独流入海，故得与江河并列，现名为济河，在河南境内。

⑥流化：流经各地，化育万物。

⑦ 五行：木、火、土、金、水。认为宇宙自然是由五种要素相生相克衍生变化所构成，随着这五个要素的盛衰，而使得宇宙与大自然产生变化，不但影响到人的命运，同时也使宇宙万物循环不已。

⑧腠（còu）液：腠；肌肉的纹理；液，能流动、有一定体积而没有一定形状的物质。全译为：皮下股肉生成的体液。

⑨五害：古代将水、旱、霜、疫、虫，称为五害。

⑩经水：河水的干流。

⑪大水：指大海或大河。

⑫川水：连绵不断的水流。

⑬百川灌河：所有的河流都流向黄河。

⑭水之伯：伯的本义是“没有兄长的男子”、“老大”。水之伯指最大的水。

⑮天汉：古时指银河。也泛指浩瀚星空或宇宙。

⑯川渎：泛指河流。

⑰沧渊：犹沧海。

⑱ 沛厉：汹涌貌。

译文

汉代纬书《春秋说题辞》中说：河，意思就是载荷，因其负荷天地之精气四处分布，怀蕴阴水，引导通渡之故。东汉刘熙所著的训诂专著《释名》中说：河，处于下方，随低洼处而通行流淌。《考异邮》中说：黄河者，是四条水道的精华所在，所以流经各地，化育万物。《元命苞》中说：五行的起始源于水，万物依之而生，水是元气凝成的血液。《管子》说：水是大地的血和气，如筋脉在人体内通流，故说，水是一种财气。五害之中，也是水的危害最大。水流有大有小，有来自远方也有来自近处。水若是流出山谷而入于大海者，可以称之为干流，或是引别的水入于大河及海者，将其命名为支流。若是从地沟中涌出，流至大海者，又将其命名为连绵不绝的水。《庄子》说：秋天的时候，所有的河流都会汇入到黄河之中，那时的经流是非常大的。《孝经援神契》说：黄河，是世界上最大的河，可以与银河遥相呼应。《新论》中说：四条水道的源头，属黄河最高最远，它从高山奔涌而下，水势汹涌峻猛，所以水流湍急。徐干在《齐都赋》中说：连绵不绝的河道使大河波澜壮阔，发源于昆仑顶峰，向各种方向分流而去，北方直朝沧海，宛若惊涛拍岸，气势恢宏，浪花四溢奔腾。《风俗通》说：长江、黄河、淮河、济河为四条大河。渎，是通的意思，中原大地的垢尘浊物全凭渎水通灌涤荡。《白虎通》则认为黄河的威势很惊人，力量很强大，所以称为渎。《释名》说：渎，是单独，独流的意思，各河流皆独自涌出而奔向大海。

“出其东北陬”条

原文

《山海经》曰：昆仑墟在西北，河水出其东北隅①。《尔雅》曰：河出昆仑虚，色白，所渠并千七百，一川，色黄②。《物理论》曰：河色黄者，众川之流，盖浊之也。百里一小曲，千里一曲一直矣。汉大司马张仲议曰：河水浊，清澄一石水，六斗泥，而民竞引河溉田，令河不通利③。至三月，桃花水至则河决④，以其噎不波也⑤。禁民勿复引河，是黄河兼浊河之名矣⑥。《述征记》曰：盟津、河津恒浊，方江为狭，比淮、济为阔，寒则冰厚数丈⑦。冰始合，车马不敢过，要须狐行，云此物善听，冰下无水乃过，人见狐行方渡。余案《风俗通》云：里语称狐欲渡河，无如尾何？且狐性多疑，故俗有狐疑之说⑧。亦未必一如缘生之言也⑨。

注释

①昆仑墟：昆仑山的基部。亦指昆仑山。在新疆西藏之间，西接帕

米尔高原，东延入青海境内。势极高峻，多雪峰、冰川。最高峰达7719米。

②渠：水停积处，也指人工开凿的水道。

③清澄：形容水清明澄澈。

④桃花水：即桃花汛，指桃花盛开时江河里暴涨的水。旧时，人们将谷雨的河水称为“桃花水”，传说以它洗浴，可消灾避祸。谷雨节人们以“桃花水”洗浴，举行射猎、跳舞等活动庆祝。

⑤噎：堵塞，塞住。

⑥浊河：混浊的河流。特指黄河。

⑦狭：窄，不宽阔，与“广”相对。

⑧里语：指的是粗俗的口语，常带有方言性。

⑨缘生：即郭缘生。《述征记》的作者。

译文

《山海经》说：昆仑山位于我国的西北部，黄河水从其东北方向流出。《尔雅》说：黄河水从昆仑山流出，颜色洁白，人工开凿出来引入黄河水道的沟渠共有一千七百条之多。汇聚到一河之中，色黄。《物理论》说：河的颜色之所以是黄色的，是因为所有的河流都流向于此，大概混浊的原因是这样。每隔百里河水就会出现转折，千里河流便出现曲曲折折的样貌。汉代的大司马张仲议在整治黄河水患时曾说：黄河的水很混浊，含沙量很高，澄清一石的水，里面便含六斗的泥，老百姓还争相开沟挖渠引黄河水灌溉农田，导致河水淤积不再通畅。到了三月桃花汛的时候，暴涨的河水会使黄河决口，洪水泛滥，被堵塞住的地方不再起波澜。官府就会禁止百姓，不要再使用黄河的水，黄河还有另一个名字叫浊河。盟津、河津两地的水永远都是混浊的，方江的水比较狭窄，淮河、济河的水比较宽阔。天冷时黄河结冰的厚度可达数丈。刚结冰的时候，车马不敢过河，要等狐狸经过的时候，才敢跟随，因狐狸的听觉很灵敏，一定要等冰层下没有流水的声音才敢过去。人见狐在冰面上通过了，才敢上冰过河。余案在《风俗通》中说：方言中说，狐狸若是想过河，尾随跟着过去好吧？但狐性犹豫不决，俗语才会有狐疑的说法，亦未必就如郭缘生所言。

“又出海外，南至积石山，下有石门”条

原文

《山海经》曰：河水人渤海，又出海外，西北人禹所导积石山①。山在陇西郡河关县西南羌中②。余考群书，咸言河出昆仑，重源潜发③，沦于蒲昌④，出于海水，故《洛书》曰：河自昆仑，出于重野。谓此矣。迳积石而为中国河⑤。故成公子安《大河赋》曰⑥：览百川之宏壮，莫尚美于黄河；潜昆仑之峻极，出积石之嵯峨⑦。释氏《西域传》曰：河自蒲昌，潜行地下，南出积石⑧。而《经》文在此，似如不比⑨。积石宜在蒲昌海下矣。

注释

①禹：人名，因在涂山（在今安徽省蚌埠市）治水有方，疏导黄河，被后人尊称为“大禹”。通过禅让制得到帝位，为夏后氏部落的首领。

②陇西郡：秦初置三十六郡之一，大致在今天甘肃南部和东南部。熊会贞注：“《汉志》金城郡河关县，积石山在西南羌中。《续汉志》县属陇西，此合两《汉志》为文。”

③重源潜发：从地下河再次发源。潜，即潜流入地，相当于地下河。

④蒲昌：古县名。唐贞观十四年（公元640年）平高昌以其东镇城置。以临蒲昌海得名。贞元后废。清讹作辟展，即今新疆鄯善。

⑤迳：同“径”。《水经注》写水流经常用的词语，有流经的意思。中国：古代指中原地区。

⑥成公子安：成公绥，字子安，东郡白马（今河南滑县）人，《晋书》有传。

⑦尚美：比……更美。尚：通“上”，超越，超过。

⑧潜行：暗流。

⑨不比：不相靠近，错乱。

译文

《山海经》说：黄河入渤海，又出海外，向西北流入大禹所疏导的积石山。积石山在陇西郡河关县西南羌族人居住的地域中。我考证了许多书，都说河水发源于昆仑，潜流入地后重新冒出，到蒲昌又隐没了，然后再从内海中流出。所以《洛书》说：河水从昆仑发源，再从重野流出，说的就是这个意思。河水流经积石就成中原的河流了。所以成公子安《大河赋》说：总览百川的宏伟壮丽，没有任何河流可以比拟；在高峻的昆仑山底下潜流，又从耸立的积石山下重新发源。释氏《西域记》说：河水从蒲昌海开始，潜流于地下，向南到积石山才重新流出地面。然而《水经》把积石山放在葱岭、蒲昌海之上，这好像不合适，应在蒲昌海之下。

“又南入葱岭山，又从葱岭出而东北流”条

原文

河水重源有三，非惟二也[①]。一源西出捐毒之国[②]，葱岭之上，西去休循二百余里，皆故塞种也。南属葱岭，高千里，《西河旧事》曰：葱岭在敦煌西八千里，其山高大，上生葱，故曰葱岭也。河源潜发其岭，分为二水：一水西迳休循国南，在葱岭西[③]。郭义恭《广志》曰：休循国居葱岭，其山多大葱。又迳难兜国北，北接休循，西南去罽宾国三百四十里，河水又西迳罽宾国北。月氏之破，塞王南君厨宾，治循鲜城。土地平和，无所不有，金银珍宝，异畜奇物，逾于中夏，大国也。山险，有大头痛、小头痛之山，赤土、身热之阪[④]，人畜同然。河水又西迳月氏国南，治监氏城，其俗与安息同。匈奴冒顿单于破月氏，杀其王，以头为饮器。国遂分，远过大宛，西居大夏，为大月氏；其余小众不能去者，

共保南山羌中，号小月氏。故有大月氏、小月氏之名也。又西迳安息国南，城临妫水[5]，地方数千里，最大国也。有商贾、车船行旁国，画革旁行为书记也。河水与蜺罗跂稀水同注雷翥海。释氏《西域记》曰：蜺罗跂稀出阿耨达山之北，西迳于阗国。《汉书·西域传》曰：于阗以西，水皆西流，注西海。又西迳四大塔北，释法显所谓纠尸罗国。汉言截头也。佛为菩萨时，以头施人，故因名国[6]。国东有投身饲饿虎处，皆起塔。又西迳捷陀卫国北，是阿育王子法益所治邑。佛为菩萨时，亦于此国以眼施人，其处亦起大塔。又有弗楼沙国，天帝释变为牧牛小儿，聚土为佛塔，法王因而成大塔，所谓四大塔也。《法显传》曰：国有佛钵，月氏王大兴兵众，来伐此国，欲持钵去，置钵象上，象不能进；更作四轮车载钵，八象共牵，复不进，王知钵缘未至，于是起塔留钵供养[7]。钵容二斗，杂色而黑多，四际分明，厚可二分，甚光泽。贫人以少花投中便满；富人以多花供养，正复百千万斛，终亦不满。佛图调曰：佛钵，青玉也，受三斗许，彼国宝之。供养时，愿终日香花不满，则如言；愿一把满，则亦便如言。又按道人竺法维所说：佛钵在大月支国，起浮图[8]，高三十丈，七层，钵处第二层，金络络锁县钵，钵是青石。或云悬钵虚空。须菩提置钵在金机上，佛一足迹与钵共在一处，国王、臣民悉持梵香，七宝、璧玉供养。塔迹、佛牙、袈裟、顶相舍利，悉在弗楼沙国。释氏《西域记》曰：捷陀越王城西北有钵吐罗越城，佛袈裟王城也。东有寺。重复寻川水，西北十里有河步罗龙渊，佛到渊上浣衣处，浣石尚存[9]。其水至安息，注雷翥海。又曰：捷陀越西，西海中有安息国。竺枝《扶南记》曰：安息国去私诃条国二万里，国土临海上，即《汉书》天竺安息国也。户近百万，最大国也。《汉书·西域传》又云：犁轩、条支临西海。长老传闻，条支有弱水、西王母，亦未尝见。自条支乘水西行，可百余日，近日所入也。或河水所通西海矣。故《凉土异物志》曰：葱岭之水，分流东西，西人大海，东为河源。《禹记》所云昆仑者焉。张骞使大宛而穷河源[10]，谓极于此，而不达于昆仑也。河水自葱岭分源，东迳迦舍罗国。释氏《西域记》曰：有国名伽舍罗逝。此国狭小，而总万国之要道无不由。城南有水，东北流，出罗逝西山，山即葱岭也。迳岐沙谷，出谷分为二水。一水东流，迳无雷国北，治卢城。其俗与西夜、子合同。又东流迳依耐国北，去无雷五百四十里，俗同子合。河水又东迳蒲犁国北，治蒲犁谷，北去疏勒五百五十里，俗与子合同。河水又东迳皮山国北，治皮山城，西北去莎车三百八十里。

注释

①重源：不止一个的源头。

②捐毒：汉西域国名。在今新疆维吾尔自治区乌恰县境。

③休循：古西域国名。在今新疆阿克陶西部、帕米尔高原北部山中阿赖谷地萨雷塔什一带。

④阪（bǎn）：同“坂”，山坡。

⑤妫水：水名，即阿姆河。汉代音译为妫水，唐代音译为乌浒河。

⑥罽头：古天竺国名。

⑦钵：洗涤或盛放东西的陶制的器具；僧侣所用的食具，像碗，底平，口略小。

⑧浮图：梵语音译，对佛或佛教徒的称呼，也专指和尚。也作“浮屠”“佛图”，此处指佛塔。

⑨浣衣：洗衣。

⑩穷：推究到极点。

译文

河水发源后伏地潜流重又冒出，这样的情况有三处而不止两处。一条水源出自西方捐毒之国的葱岭上，西距休循二百余里，从前是塞种居住的地区。该区南与葱岭相连，岭高千里。《西河旧事》说：葱岭在敦煌西八千里，山极高大，山上长着野葱，所以叫葱岭。河水源头在岭间地下冒出，分为两条。一条往西流经葱岭西的休循南边。郭义恭《广志》说：休循国在葱岭，山上多大葱。又流经难兜国以北，该国北与休循接壤，西南距罽宾国三百四十里。河水又往西流经罽宾国北边。月氏被打垮后，塞王南迁，在罽宾为王，国治在循鲜城。那里土地平和，物产无所不有，金银珍宝、异畜奇物，比中国这个涣映大国还要多。山势很险，有名的大头痛、小头痛等山，赤土、身热等坡，不论人畜，经过那些地方都会得病。河水又往西流经月氏国南边，都城监氏城，风俗和安息相同。匈奴冒顿单于打垮月氏，杀了月氏王，用他的头颅骨做杯子。于是月氏分裂，大队人马远远越过大宛西迁，定居于大夏，这就是大月氏；留下的小股人众走不了，一同保住南山羌中这块地方，号称小月氏，因而有了大月氏、小月氏这些称号。水又往西流经安息国南边。安息国都城濒临妫水，地方数千里，是一方最大的国度。国中商人用车船来往于邻国，在皮革上记事，文字都是横写的。河水与蜿罗跂褷水一同注入雷翁海。释氏《西域记》说：蜕罗跂蹄水发源于阿褥达山北麓，往西北流经于闻国。《汉书·西域传》说：于阗以西，水都往西流，注入西海。又往西流经四大塔北边，那就是法显所谓纠尸罗国，汉语意思是“断头”。佛陀前生做菩萨时，把自己的头施舍给别人，所以就以断头为国名。国都东边有他前生舍身饲喂饿虎的地方，都建了佛塔。又往西流经捷陀卫国北边，这是阿育王的儿子法益治理的城邑。佛陀前生做菩萨时，也曾在这个国度把眼珠施舍给别人，那地方也造了大塔。还有个弗楼沙国，天帝释在那里变成放牛娃，用泥土堆成佛塔，法王就凭着这小塔建起一座大塔。以上这些塔就是所谓四大塔。《法显传》说：弗楼沙国有佛钵。月氏王调动大军来攻打这个国家，想把佛钵放在象背上带走，可是大象却走不动。他又造了一辆四轮车来装载佛钵，用八头大象合力拉车，还是拉不动。月氏王知道佛钵的缘分还没有到，于是造了一座塔，把佛钵留下来供养。钵的容量能装两斗，颜色驳杂，但以黑色为主；四面轮廓分明，厚约二分，光泽照人。穷人用一点点花投入钵中就会装满，富人拿了很多花来供养，即使是几百几千几万斛，始终还是装不满。佛图调说：佛钵是用青玉做的，能装三斗左右，那个国家把它视为国宝。供养时，心中希望它终日香花不满，就会如愿；希望一把花就能装满，也会如愿。又按修行人竺法维所说，佛钵在大月氏国，建了一座宝塔，高三十丈，共七层，佛钵就放在第二层。钵用青石制成，裹上金丝网络悬挂着。又有人说钵是凌空悬浮着的。须菩提把钵放在金机上，佛陀的一个足印和钵同在一处，国王和臣民手里都拿着梵香、七宝、璧玉来供养塔迹。佛牙、架装、顶相舍利，这些全都在弗楼沙国。释氏《西域记》说：捷陀越王城西北，有钵吐罗越城，就是佛架装王城。城东有一座佛寺。再来探寻这条川水，西北十里有河步罗龙渊，佛陀到渊上洗衣的地方，洗衣石还在。这条水流到安息，注入雷翥海。又说：捷陀越以西是西海，那里有个安息国。竺枝《扶南记》说：安息国距私诃条国二万里，领土濒临海边，就是《汉书》中的天竺安息国。国中户口近一百万，是最大的国家。《汉书·西域传》又说：犁轩、条支濒临西海。据老人们的传闻，条支有弱水、西王母，但也没有见过。从条支沿水路往西去，约百余日，就临近太阳沉没的地方了。也许这就是河水所通的西海了。所以《凉土异物志》说：葱岭的水东西分流，往西流的注入大海，往东流的就是河水的源头，即《禹记》所说的昆仑了。张赛出使大宛，到了河水源头的尽处，以为就到此为止了，并不通到昆仑。河水源头从葱岭分流后，往东流经迎舍罗国。释氏《西域记》说：有个国度，叫伽舍罗逝，领土狭小，但却是万国交通要道必经之地。城南有水，往东北流出罗逝西山，这座山就是葱岭。又流经岐沙谷，出谷后分为两条。一条往东流经无雷国北边，国都卢城，风俗与西夜、子合相同。又往东流经依耐国以北，这里距无雷五百四十里，风俗与子合相同。河水又往东流经蒲犁国北边，都城在蒲犁谷，北距疏勒五百五十里，风俗与子合相同。河水又往东流经皮山国北边，都城皮山城，西北距莎车三百八十里。

“又东过天水北界”条

原文

苑川水出勇士县之子城南山①，东北流，历此成川，世谓之子城川。又北迳牧师苑，故汉牧苑之地也。羌豪迷吾等万余人②，到襄武、首阳、平襄、勇士，抄此苑马，焚烧亭驿，即此处也。又曰：苑川水地，为龙马之沃土，故马援请与田户中分以自给也③。有东、西二苑城，相去七十里，西城，即乞佛所都也[4]。又北入于河也。

注释

①子城：大城所属的小城，即内城及附郭的瓮城或月城。

②迷吾：是烧当羌豪滇吾之子，儿子迷唐和兄弟号吾经常率兵到边境捣乱。

③自给：依靠自己生产，满足自己需要。

④乞佛：复姓。北魏有乞佛成龙 。见《魏书》。

译文

苑川水发源于勇士县的子城南山，往东北流，经此成川，世人称为子城川。又往北流经牧师苑，就是从前汉时的牧苑地方。羌族豪迷吾等万余人，到了襄武、首阳、平襄、勇士等地，掠夺了苑里的马匹，焚烧了亭和驿站，就是这地方。又说：苑川水地区是龙马的沃土，所以马援请求与田户平分以自给。这里有东西两座城，相距七十里。西城就是乞佛建都的地方。水又往北流，注入河水。

汾　水

“汾水出太原汾阳县北管涔山”条

原文

《山海经》曰：《北次二经》之首，在河之东，其首枕汾，曰管涔之山①，其上无木，而下多玉，汾水出焉，西流注于河。《十三州志》曰：出武州之燕京山。亦管涔之异名也。其山重阜修岩②，有草无木，泉源导于南麓之下，盖稚水漾流耳③。又西南，夹岸连山，联峰接势④。刘渊族子曜尝隐避于管涔之山⑤，夜中忽有二童子入，跪曰：管涔王使小臣奉谒赵皇帝⑥。献剑一口，置前，再拜而去。以烛视之，剑长二尺，光泽非常，背有《铭》曰：神剑御，除众毒。曜遂服之，剑随时变为五色也，后曜遂为胡王矣⑦。汾水又南，与东、西温溪合，水出左右近溪，声流翼注，水上杂树交阴，云垂烟接。自是水流潭涨，波襄转泛⑧。又南迳一城东，凭墉积石⑨，侧枕汾水，俗谓之代城。又南出二城间，其城角倚，翼枕汾流⑩，世谓之侯莫干城，盖语出戎方，传呼失实也。汾水又南迳汾阳县故城东，川土宽平，峘山夷水。《地理志》曰：汾水出汾阳县北山，西南流者也。

注释

①管涔之山：管涔山，为贯穿山西境内的主要河流——汾河的发源地。管涔山山势险峻，是华北落叶松的原生地。这里林深叶茂，沟壑纵横，成为一处森林资源颇为丰富的林区。

②《十三州志》：北凉时人阚骃（kàn yīn）所著。阚骃字玄阴，敦

煌（今甘肃省敦煌市）人。

③导：发源。麓（lù）：山脚。

④联峰接势：山脉连绵，峰峦相接。

⑤尝：此处作为副词，是曾经的意思。

⑥奉谒（yè）：拜见。

⑦服：佩戴、使用。

⑧云垂烟接：低云与烟雾相接的状况。用来形容杂树繁茂交荫貌。

⑨凭墉积石：靠城墙处堆积了很多石头。墉，城墙。

⑩角倚：犄角。两相对峙之势。

译文

山海经说：《北次二经》之首，在黄河的东面，宛若枕在汾水上面，名字叫做管涔山。山上没有树木，而山里却蕴含着很多美玉，汾水从管涔山流出，向西流入黄河。《十三州志》说：（汾水）源出武州的燕京山。（燕京山）也就是管涔的别称。这座山峰峦重叠岩石很高大，只有杂草没有树木，泉源从南麓流出，只是小水细流罢了。再向西南，两岸连山，山峰绵延不断。刘曜是刘渊的同宗侄儿，曾经避隐在管涔之山，有一天夜间忽然有两个孩子进来，跪着说，管涔王命令小臣来拜谒赵国皇帝。并献上宝剑一口。刘曜用烛光验视，剑长二尺，光泽鲜亮，背上有铭文说，佩戴神剑，可以祛除各种邪毒。刘曜于是佩上它，宝剑随时变化为五色。这就是刘曜做上胡王的先兆。汾水又向南去，与东温溪和西温溪汇合，水顺着左右两溪流至近温溪处，声势沸腾灌穿而下，水上各种树木繁茂交相辉映覆盖着水面，宛若云垂下来雾升上去，自是一番潮起潮涨，波浪翻腾，泛涌奔流的好景象。又向南流经到了一座城的东侧，靠城墙处堆积了很多的石头，好像斜枕在汾水上，俗语称其为代城。又向南流出到了两城之间，其城和代城为犄角之势，城的一侧枕着汾水流经的方向，世人称其为侯莫干城。这番话出自西域民族，大家都说与事实不符。汾水又向南流经汾阳县的故城东侧，这里地势宽阔，水面平静，山叫垣山，水为夷水。《地理志》说：汾水流出汾阳县北山，向西南流去。

“又南，过平陶县东，文水从西来流注之”条

原文

汾水又南与石桐水合，即绵水也。水出界休县之绵山，北流迳石桐寺西，即介子推之祠也。昔子推逃晋文公之赏，而隐于绵上之山也。晋文公求之不得，乃封绵为介子推田。曰：以志吾过，且旌善人。因名斯山为介山。故袁山松《郡国志》曰：界休县有介山、绵上聚、子推庙。王肃《丧服要记》曰：昔鲁哀公祖载其父，孔子问曰：宁设桂树乎①？哀公曰：不也。桂树者，起于介子推。子推，晋之人也。文公有内难，出国之狄，子推随其行，割肉以续军粮②。后文公复国，忽忘子推，子推奉唱而歌，文公始悟，当受爵禄③，子推奔介山，抱木而烧死，国人葬之，恐其神魂雷于地，故作桂树焉。吾父生于宫殿，死于枕席，何用桂树为？余按夫子尚非瑶玙送葬，安能问桂树为礼乎？王肃此证，近于诬矣④。石桐水又西流注于汾水。汾水又西南迳界休县故城西，王莽更名之曰界美矣。城东有徵士郭林宗、宋子浚二碑。宋冲以有道司徒徵，林宗，县人也。辟司徒，举太尉，以疾辞。其碑文云：将蹈洪崖之遐迹，绍巢、由之逸轨，翔区外以舒翼，超天衢以高峙，禀命不融，享年四十有二，建宁二年正月丁亥卒。凡我四方同好之人，永怀哀痛，乃树碑表墓，昭铭景行云⑤。陈留蔡伯喈、范阳卢子干、扶风马日磾等，远来奔丧，持朋友服。心丧期年者如韩子助、宋子浚等二十四人，其余门人著锡衰者千数⑥。蔡伯喈谓卢子干、马日磾曰：吾为天下碑文多矣，皆有惭容，惟郭有道，无愧于色矣。汾水之右有左部城，侧临汾水，盖刘渊为晋都尉所筑也。

注释

①祖载：将葬之际，以柩载车上行祖祭之礼。

②内难：内乱。一般指国家内部的变乱。

③爵禄：官爵和俸禄。

④诬：人没有做坏事，硬说他做了坏事；把没有的事说成有。

⑤昭铭：清楚地铭刻。汉 班固《封燕然山铭》："乃封山刊石，昭铭盛德。"汉 蔡邕《郭有道碑文》："於是树碑表墓，昭铭景行。"

⑥著锡：披麻戴孝。

译文

汾水又往南流，与石桐水汇合，这就是绵水。绵水发源于界休县的绵山，往北流经石桐寺西边，石桐寺实际上就是介子推祠。从前介子推不受晋文公的赏赐而出逃，隐居在绵山之上。晋文公找不到他，于是在绵划地立为介子推田。说道：留下这地方来纪念我的过失吧，同时也用以表扬好人。因此把这座山称为介山。所以袁山松《郡国志》说：界休县有介山，有绵上聚、子推庙。王肃《丧服要记》说：从前鲁哀公的祖父用车载了他父亲的遗体。孔子问道：要立一棵桂树吗？哀公说：不用立。立桂树是从介子推开始的。介子推是晋国人。文公国内有难，出国到狄去避难，介子推跟他出走，因军粮吃完了，就割下自己的肉给文公吃。后来文公回国，却忘记了介子推。介子推唱了一首歌，文公听到了方才醒悟，想到应当给他奖赏爵位和俸禄。可是介子推却逃到介山去，抱着树木被火烧死。晋国人把他安葬了，怕他的魂魄仆地而灭，所以立了一棵桂树。我父亲生在宫殿里，死在床上，哪里用得着桂树呢？我按孔夫子甚至反对用美玉陪葬，怎能向哀公询问立桂树行丧礼的事呢？王肃这些话有点近于污蔑了。石桐水又西流，注入汾水。汾水又往西南流，从界休县老城西边流过，王莽改名为界美。城东有郭林宗和宋子浚两人的墓碑。宋冲两次受到朝廷的征召，授予司徒和有道的官职，都没有去。郭林宗是本县人，被征召为司徒，授以太尉的官职，他却借口有病推辞了。碑文说：他踏着仙人洪崖的足迹，循着高士巢父、许由的道路，展翅翱翔于远绝尘寰的天宇，超越青云而傲然独峙。享寿不长，只活到四十二岁，死于建宁二年（169）#正月丁亥日。我们这些来自各地，志同道合的人，长怀着哀痛的心情，在他的墓前刻石立碑，以族表他的崇高德行。陈留蔡伯喈、范阳卢子干，扶风马日磾等，远道前来参加丧礼，穿的是朋友身份的丧服。以弟子身分守丧满一年的，有韩子肋、宋子浚等二十四人。其余门生披麻戴孝的上千人。蔡伯嘈对卢子干、马日禅说：我为天下人写的碑文很多，自己却感到有点惭愧；只有为郭有道写这篇碑文，可以毫无愧色。汾水右岸有左部城，靠近水边，这是刘渊在晋朝当都尉时所筑。

注释：#为公元年代参数，例：（169）即公元169年，（前26）即公元前26年，后面章节括弧内容皆同。

“又南过冠爵津”条

原文

汾津名也，在界休县之西南，俗谓之雀鼠谷①。数十里间道险隘②，水左右悉结偏梁阁道③，累石就路，萦带岩侧，或去水一丈，或高五六尺，上戴山阜④，下临绝涧，俗谓之为鲁般桥，盖通古之津隘矣，亦在今之地崄也。

注释

①雀鼠谷：雀鼠谷最初称“调鉴谷”，命名取义已不可考；汉魏时期称“冠爵津”，冠爵系“颧雀”的谐音，寓意唯机智而力大无朋的颧雀才能飞越；颧爵津后来衍化为“雀鼠谷”，亦无非言其崎岖陡仄唯有雀、鼠之类才能飞越。由于雀鼠谷特别的战略位置和战略形势，自古多兵争。

②间（jiàn）道：偏僻的小路。

③阁道：指沿悬崖峭壁修建的一种道路。又称栈道、复道。

④山阜：土山。泛指山岭。

译文

冠爵津是汾水上的渡口名，在界休县的西南，俗称雀鼠谷。山谷有几十里深，道路非常狭隘艰险，水的两岸都架设着栈道，垒石成路，盘绕在山岩的一侧，有的离水一丈，有的高出五六尺，上顶高山，下临深涧，俗称鲁般桥，这是古代的险要渡口，在今天也算得上是险要的地方了。

“历唐城东”条

原文

薛瓒注《汉书》云：尧所都也。东去彘十里。汾水又南与彘水合，水出东北太岳山，《禹贡》所谓岳阳也。即霍太山矣。上有飞廉墓[①]，飞廉以善走事纣，恶来多力见知。周武王伐纣，兼杀恶来。飞廉先为纣使北方，还无所报，乃坛于霍太山而致命焉。得石棺，铭曰：帝令处父，不与殷乱，赐汝石棺以葬。死，遂以葬焉。霍太山有岳庙，庙甚灵，乌雀不栖其林，猛虎常守其庭，又有灵泉以供祭祀，鼓动则泉流，声绝则水竭。湘东阴山县有侯昙山，上有灵坛，坛前有石井深数尺，居常无水，及临祈祷，则甘泉涌出，周用则已，亦其比也。彘水又西流迳观阜北，故百邑也。原过之从襄子也，受《竹书》于王泽，以告襄子。襄子斋三日，亲自剖竹[②]，有朱书曰：余霍太山山阳侯天使也，三月丙戌，余将使汝反灭智氏，汝亦立我于百邑。襄子拜受三神之命，遂灭智氏，祠三神于百邑，使原过主之，世谓其处为观阜也。彘水又西流迳永安县故城南，西南流，注于汾水。汾水又南迳霍城东，故霍国也。昔晋献公灭霍，赵夙为御，霍公求奔齐。晋国大旱，卜之曰：霍太山为祟。使赵夙召霍君奉祀。晋复穰。盖霍公求之故居也。汾水又迳赵城西南，穆王以封造父，赵氏自此始也。汾水又南，霍水入焉。水出霍太山，发源成潭，涨七十步而不测其深。西南迳赵城南，西流注于汾水。

注释

①飞廉：商纣 的谀臣。《新水令·送康对山太史归田》套曲：“却怎

生飞廉，谄佞偏荣富?”

②剖竹：古代授官封爵，以竹符为信。剖分为二，一给本人，一留朝廷，相当于后来的委任状。

译文

薛瓒为《汉书》作注时说：唐城是尧定都的地方，东边离最十里。汾水又南流，与彘水汇合。水发源于东北的太岳山，《禹贡》称为岳阳，就是霍太山。山上有飞廉墓。飞廉以善走为纣王效力，恶来以力大而知名。周武王征伐纣王，连恶来也杀了。飞廉早先为纣王出使北方，回来后却不能向纣王报告了，于是在霍太山设坛祭祀。他在山上看到一具石棺，上面刻着：天帝命令你老人家不要参与殷朝的作乱，特此赐你石棺安葬。他死了，于是就葬在霍太山。山上有霍山庙，十分灵验。庙旁的树林里，鸟雀都不来栖息，庭院里常有猛虎在守卫。又有灵泉可供人祭祀之用，鼓声一响，就有泉水流出，鼓声一停泉水也就干了。湘东阴山县有侯昙山，山上有灵坛，坛前有一口数尺深的石井，平常都没有水，待到祈祷时，就有甘泉涌出，大家都用遍后，泉水就不流了，也是这一类。彘水又往西流经观阜以北，就是百邑。原过跟从赵襄子，在王泽得到竹书，他把这件事报告了襄子。襄子斋戒了三天，亲自剖开竹子，看到里面有朱砂写的红字：我是霍太山山阳侯，是天帝的使者，三月丙戌日，我将派遣你去杀掉智氏，你也要在百邑为我立庙。襄子跪拜领受了三神的命令，于是就杀了智氏，在百邑为三神立祠，让原过去管理。人们就把这地方称为观阜。彘水又西流，从永安县老城南面流过，然后往西南流，注入汾水。汾水又往南流经霍城东边，就是旧时的霍国。从前晋献公灭了霍国，赵夙当驾车人，霍公求逃奔到齐国。当时晋国大旱，叫巫师占卜，说这是霍太山作祟的缘故。于是派赵夙去召回霍君主持祭祀，晋国重新又获得丰收。霍城就是霍公求的故居。汾水又流经赵城西南，穆王把赵城封给造父，他就是赵氏的始祖。汾水又南流，霍水注入。霍水发源于霍太山，源泉流出后积成深潭，宽七十步，深不可测。水往西南流经赵城南边，西流注入汾水。

浍 水

“浍水出河东绛县东浍交东高山”条

原文

浍水东出绛高山，亦曰河南山，又曰浍山。西迳翼城南。按《诗谱》言：晋穆侯迁都于绛[①]，暨孙孝侯，改绛为翼，翼为晋之旧都也。后献公北广其城[②]，方二里，又命之为绛。故司马迁《史记·年表》称，献公九年，始城绛都。《左传·庄公二十六年》，晋士蔿城绛以深其宫是也[③]。其水又西南合黑水，水导源东北黑水谷，西南流迳翼城北，右引北川水，水出平川，南流注之，乱流西南人浍水[④]。浍水又西南与诸水合，谓之浍交。《竹书纪年》曰：庄伯十二年，翼侯焚曲沃之禾而还，作为文公也[⑤]。又有贺水，东出近川，西南至浍交人浍。又有高泉水，出东南近川，西北趣浍交注浍[⑥]。又南，紫谷水东出白马山白马川。《遁甲开山图》曰：绛山东距白马山。谓是山也。西迳荧庭城南[⑦]，而西出紫谷，与乾河合，即教水之枝川也。《史记·白起传》称，涉河取韩安邑，东至乾河是也。其水西与田川水合，水出东溪，西北至浍交入浍。又有于家水出于家谷[⑧]。《竹书纪年》曰：庄伯以曲沃叛，伐翼，公子万救翼，荀叔轸追之至于家谷。有范壁水出于壁下，并西北流，至翼广城[⑨]。昔晋军北入翼，广筑之，因即其姓以名之。二水合而西北流，至浍交人浍。浍水又西南与绛水合，俗谓之白水，非也。水出绛山东，寒泉奋涌，扬波北注，悬流奔壑，一十许丈。青崖若点黛，素湍如委练，望之极为奇观矣。其水西北流注于浍。

注释

①浍（huì）水：河名，浍河。源出河南省，流经安徽省北部，上游为东沙河和包河，在临涣汇合后，向东南流经固镇、边城，又向东流至五河县北与沱河汇合，最后流注洪泽湖。

②绛（jiàng）：古邑名，在今山西省翼城县东南。

③士蔿：祁姓，士氏，名蔿，字子舆，春秋前期晋国卿大夫，晋献公主要谋士之一。晋国六卿之一范氏的祖先，杜隰叔之子。周宣王大夫杜伯无罪被杀，其子杜隰叔逃亡晋国，为士官。其后大宗世袭此职，称士氏。

④乱流：水流不循常道。

⑤曲沃：县名，始见于西周初期。《诗经·尔雅》中记载，“有沃泉（今景明瀑布）悬出，九曲而入浍、汾，取其曲、取其沃，历史上曾是“武公据之以兴晋，文公依之而称霸”的晋国建都之地。史称“天府雄风，三晋重地”。

⑥趣（cù）：（古通“促”）赶快，从速，督促，催促。

⑦荧庭：是西周、春秋战国时期的地名，在今山西省南部。

⑧于家水：《水经注疏》作“女家水”，女家水在翼城县东南。在绛城东北大交镇东。

⑨范壁水：范壁村位于运城市东北角与临汾市交界处千年古镇大交（浍交），因村落建于崖壁下。北魏时南绛郡治，为囚禁罪犯，再崖壁下建壁堡，故名犯壁。范壁水是（现今流量是0.7米/秒）绛县五大泉之一，四季水长流。

译文

浍水东出绛高山，向西流至翼城之南。根据《诗谱》所说：晋国的穆侯迁都于绛，就是孙孝侯，将绛更名为翼。翼城是晋国过去的首都。后来献公向北扩大城池，面积增大了二里，又将其命名为绛。所以司马迁《史记·年表》称，献公九年（年号，公元前668年）的时候，开始以绛为都城。《左传·庄公二十六年》，晋国的卿大夫士蔿将都城绛的宫墙加高加大。浍水向西南方向与黑水汇合，水被变更流向导入东北方向的黑水谷，西南方向流至翼城北。右侧引入北川之水，水流出平川，南方的河流又倾灌而下，各种方向的水流向西南入于浍水。浍水又在西南与诸水汇合，故称此地为浍交。《竹书纪年》说：庄伯十二年，翼侯焚烧了曲沃的庄稼后退了回去。还有一条贺水，出自东边近处的平原，往西南，到浍交注入浍水。又有高泉水，源出东南邻近的平原，往西北到浍交注入浍水。浍水又南流，紫谷水出自东方白马山的白马川。《遁甲开山图》说心绛山东到白马山，说的就是这座山。往西流经荧庭城南边，然后往西流出紫谷，与乾河汇合— 乾河是教水的支流。《史记?白起传》说：涉水过河，占领韩国的安邑，往东直至乾河。乾河西流与田川水汇合。田川水源出东溪，往西北流，到浍交注入浍水。又有于家水，发源于家谷。《竹书纪年》说：庄伯在曲沃起兵造反，讨伐在翼城的晋献公，曲沃桓叔之子公子万前来救助，被晋国荀叔轸追至于家谷。有范壁水自峭壁下涌出，并入西北方向的水流，直至翼广城。昔日晋军自北入翼时，曾广筑此城，即取了翼姓以广名之，称为翼广城。两水合流后自西北方向流至浍交，入于浍水。浍水又自西南方向与绛水汇合，俗称为白水，其实不是。绛水源出绛山东麓，寒冷的泉水奋涌喷出，波涛汹涌，往北奔流，浪涛从悬崖倾注到山壑，高达十多丈。青青的悬崖像点上了黛黑，雪白的急湍像下垂的绢练，远望过去实为奇观。绛水向西北方向流灌入于浍。

涑 水

“涑水出河东闻喜县东山黍葭谷”条

原文

涑水所出，俗谓之华谷，至周阳与洮水合，水源东出清野山，世人以为清襄山也。其水东迳大岭下，西流出谓之晗口，又西合涑水。郑使子产问晋平公疾①，平公曰：卜云台骀为崇②。史官莫知，敢问。子产曰：高辛氏有二子，长曰阏伯，季曰实沈，不能相容，帝迁阏伯于商丘，迁实沈于大夏。台骀，实沈之后，能业其官，帝用嘉之，国于汾川③。由是观之，台骀，汾、洮之神也。贾逵曰：汾、洮，二水名。司马彪曰：洮水出闻喜县，故王莽以县为洮亭也。然则涑水殆亦洮水之兼称乎？

注释

①疾：病，身体不舒适。

②台骀（dài）：相传上古金天氏少皞的后代昧，生允格、台骀。台骀承袭祖业，为水官之长，疏通汾洮二水，帝颛顼嘉其功，封之于汾川，后世遂以为汾水之神。祟（suì）：迷信说法指鬼神给人带来的灾祸，借指不正当的行动。

③业：重大的成就或功劳。

译文

黍葭谷是涑水的发源地，俗称华谷。涑水流到周阳后，与洮水汇合。洮水源出东边的清野山，世人称为清襄山。洮水往东流经大岭山下，西流出山，那地方叫晗口。又西流，与涑水瓜合。晋平公有病，郑国派遣子产前去探视。平公说：占卜说我的病是因为台骀作祟，史官都不知道台骀是什么，请问您可知道？子产说：高辛氏有两个儿子，大儿子叫阏伯，小儿子叫实沈，两人互不相容，于是他就把阏伯下放到商丘，把实沈下放到大夏。台骀是实沈的儿子，能继承先人的事业，因而受到帝害的嘉奖，在汾川建都。这样看来，台骀应当是汾水和洮水的水神了。贾逵说：汾、洮是两条河名。司马彪说：洮水发源于闻喜县，所以王莽时把该县改为洮亭。那末涑水大概也就是洮水的兼称了吧！

文 水

文水迳大陵县故城西，而南流，有泌水注之①。县西南山下，武氏穿井给养，井至幽深，后一朝水溢平地，东南注文水②。文水又南迳平陶县之故城东，西迳其城内，南流出郭，王莽更曰多穰也③。文水又南迳县，右会隐泉口，水出谒泉山之上顶，俗云：吻雨愆时，是谒是祷，故山得其名，非所详也④。其山石崖绝险，壁立天固，崖半有一石室，去地可五十余丈，爰有层松饰岩，列柏绮望，惟西侧一处得历级升陟，顶上平地十许顷，沙门释僧光表建二刹⑤。泉发于两寺之间，东流沥石，沿注山下，又东，津渠隐没而不恒流，故有隐泉之名矣⑥。两泽丰澍，则通入文水。文水又南迳兹氏县故城东为文湖，东西十五里，南北三十里，世谓之西湖，在县直东十里⑦。湖之西侧，临湖又有一城，谓之潴城。水泽所聚谓之都，亦曰潴，盖即水以名城也⑧。案《晋书·地道记》、《太康地记》，西河有中阳城，旧县也。文水又东南流，与胜水合，水出西狐岐之山，东迳六壁城南，魏朝旧置六壁于其下，防离石诸胡，因为大镇⑨。太和中罢镇，仍置西河郡焉。胜水又东合阳泉水，水出西山阳溪，东迳六壁城北，又东南流注于胜水。胜水又东迳中阳县故城南，又东合文水，文水又东南，入于汾水也。

注释

①泌水：山东古水名。【水经注】文水过平章县南，有泌水注之。水出肥城市东北白源，西南注于文。现称卫鱼河为文水支流。

②穿井：开凿水井的意思。

③穰：兴旺、旺盛。

④愆（qiān）时：失时，违反了正常的时间。

⑤绮（qǐ）：美丽。绮望：用美丽的姿态往远处看。

⑥津渠：水道。

⑦丰澍：形容雨水丰沛。

⑧聚：会合，聚集。

⑨狐岐：山名。

译文

文水流至大陵县故城西，转而向南流去，有泌水倾灌而入。大陵县西南山脚下，有武姓人凿井济水食用，因井开凿的过于幽深，后来有一天水量大到溢出了平地，向东南方形成支流注入文水。文水又向南流至平陶县故城东，向西流至城内，向南涌出城外，王莽更说好大的水呀。文水又向南经过平陶县，向 右路经隐泉，隐泉水出谒泉山顶。俗语说：雨水延绵，就在此山拜谒求雨放晴，故山得名谒泉山，详细情况不了解。山上石崖险绝，石壁陡立上接苍天。悬崖半腰有一个石室，离地面有五十余丈。岩石上层层苍松，与成行的柏树相对而望。只有西侧一处可以沿着石阶攀登。顶上有一块平地约十余顷，沙门释僧光在这里建造了两座寺刹。泉水从两寺之间流出，从石头上沥出往东沿山流下，又往东边，隐没潜流，俗称隐泉。雨水充沛之时，隐泉就畅流注入文水。文水向南流经兹氏县城东形成文湖，东西相距十五里，南北相距三十里，世人谓之为西湖。在县城一直往东十里就到了。湖的西侧，挨着西湖又有一城，谓之潴城。因水泽聚集的地方称之为都，也叫做潴，以此水的缘故命名此城。根据《晋书·地道记》、《太康地记》，西湖中有中阳城，是个旧县。文水又向东南流去，与胜水汇合，水从狐岐之山西侧流出，向东到了六壁城南。魏朝曾经将六壁直接管辖，防止湖水冲塌石墙，因此是个大镇。太和中期的时候废镇，仍旧归西河郡管辖。胜水向东汇合阳泉水，水出西山阳溪，东流至六壁城北，又向东南流去灌入胜水。胜水又向东经过中阳县故城南，东合文水，文水又向东南，流入汾水。

原　公　水

“原公水出兹氏县西羊头山，东过其县北”条

原文

县，故秦置也，汉高帝更封沂阳侯婴为侯国①，王莽之兹同也，魏黄初二年，分太原，复置西河郡。晋徙封陈王斌于西河②，故县有西河缪王司马子政庙。《碑文》云：西河旧处山林，汉末扰攘，百姓失所③。魏兴，更开疆宇④，分割太原四县，以为邦邑，其郡带山侧塞矣⑤。王以咸宁三年，改命爵土，明年十二月丧国⑥。臣太农阎崇、离石令宗群等二百三十四人，刊石立碑，以述勋德。碑北庙基尚存也。

注释

①沂阳侯婴：即夏侯婴，沛人。刘邦少时朋友，西汉开国功臣之一。后封汝阴侯，刘邦为汉王时赐沂阳为其食邑。

②徙：迁移。

③扰攘：混乱，骚乱。

④开疆宇：划分领地。开：此处为分割。疆宇：疆域，领土。

⑤邦邑：指政区，地区。

译文

兹氏县原是秦时设置，汉高帝把这里改封给夏侯婴，立为侯国；王莽时叫兹同。魏黄初二年（221），从太原划地重新设置西河郡。晋时把陈王司马斌迁封于西河。旧县城有西河缪王司马子政庙。碑文说：西河

过去地处山林之中，汉朝末年天下大乱，百姓流离失所。魏朝兴起后，重新划分疆界，把太原郡分为四县，作为封国都城，郡的领域就一边靠山一边邻接边塞了。陈王于咸宁三年更改封爵与封地，次年十二月死于封国内。他的臣属太农阎崇、离石县令宗群等二百三十四人，刻石立碑，叙述他的功勋和恩德。此碑北面的祠庙废址如今还在。

洞过水

“洞过水出沾县北山”条

原文

其水西流，与南溪水合，水出南山，西北流注洞过水①。洞过水又西北，黑水西出山，三源合舍，同归一川，东流南屈，迳受阳县故城东。按《晋太康地记》，乐平郡有受阳县，卢谌《征艰赋》所谓历受阳而总辔者也②。其水又西南入洞过水。洞过水又西，蒲水南出蒲谷，北流注之。洞过水又西与原过水合，近北，便水源也。水西阜上有原过祠。盖怀道协灵③，受书天使，忧结宿情④，传芳后日，栋宇虽沦，攒木犹茂，故水取名焉。其水南流，注于洞过水也。

注释

①流注：流入，灌注。

②总辔：犹系马。谓停驻。

③怀道协灵：胸怀仁义道德，协助神灵施善。

④宿情：原有的情由。

译文

洞过水西流，与南溪水汇合。南溪水发源于南山，往西北流，注入洞过水。洞过水又往西北流，黑水西流出山，三个源头汇合同处，并归为一条河水，东流后转折向南方，流经至受阳县老城东侧。按《晋太康地记》，乐平郡有受阳县，卢谌《征艰赋》说：经过受阳时系马小憩。

水又往西南流，注入洞过水。洞过水又西流，有蒲水发源于南边的蒲谷，北流注入。洞过水又西流，与原过水汇合，这条水的源头就在北边近处。水西山上，有原过祠，原过怀仁义之道，协助神灵，接受天使所授的竹书，他为主上而忧思，忠忱流芳于后世；祠庙屋宇虽已废毁，但树丛还长得很茂盛，所以水也以原过取名了。水往南流，注人洞过水。

晋　水

“晋水出晋阳县西悬瓮山”条

原文

县，故唐国也[①]。《春秋左传》称唐叔未生，其母邑姜梦帝谓己曰：余名而子曰虞，将与之唐，属之参[②]。及生，名之曰虞。《吕氏春秋》曰：叔虞与成王居，王援桐叶为珪[③]，以授之曰：吾以此封汝。虞以告周公，周公请曰：天子封虞乎[④]？王曰：余戏耳。公曰：天子无戏言。时唐灭，乃封之于唐。县有晋水，后改名为晋。故子夏《叙诗》称此晋也[⑤]，而谓之唐，俭而用礼，有尧之遗风也[⑥]。《晋书·地道记》及《十三州志》并言晋水出龙山，一名结绌山，在县西北，非也。《山海经》曰：悬瓮之山，晋水出焉[⑦]。今在县之西南。昔智伯之遏晋水以灌晋阳，其川上溯[⑧]，后人踵其遗迹，蓄以为沼，沼西际山枕水[⑨]，有唐叔虞祠。水侧有凉堂，结飞梁于水上[⑩]，左右杂树交荫，希见曦景[⑪]，至有淫朋密友，羁游宦子，莫不寻梁契集，用相娱慰，于晋川之中，最为胜处。

注释

①唐国：指晋阳县。即今天太原县治。

②邑姜：生卒年不详，姜姓，齐太公吕尚之女，周武王的王后，周成王、唐叔虞的母亲。据传她怀成王的时候，“立而不跛，坐而不差，独处而不倨，虽怒而不詈，胎教之谓也。”山西太原的晋祠就是供奉的唐叔

虞和邑姜。

③援：拉，拽，牵引。

④封：帝王把土地或爵位给予亲属或臣僚。

⑤子夏：春秋末晋国温人（今河南温县）（另有魏人、卫人二说，近人钱穆考定，温为魏所灭，卫为魏之误，故生二说），孔子的著名弟子，“孔门十哲”之一。

⑥尧：传说中上古帝王名：～舜（“尧”和“舜”，均为传说中上古的贤明君主。后泛指圣人）。

⑦悬瓮之山：悬瓮山，在太原市晋祠西，嘉靖《太原县志》称：“山腹有巨石如瓮形，因以为名。”

⑧上溯：逆水而上

⑨踵：追随，继承。

⑩飞梁：凌空飞架的桥。

⑪ 曦景：阳光。

译文

一个县，是旧时的唐国。《春秋左传》讲唐叔虞还没有出生，他的母亲邑姜梦见天帝对自己说：我给你的孩子起名叫为虞，并把参星所辖的唐地分封给他。到生的时候，取名为虞。《吕氏春秋》中说：叔虞与成王共同居住时候，周成王曾拿了一片桐叶做为玉器，并授给虞说：我以此桐叶为你封爵。虞便以此事告知周公，周公去问成王：天子是册封了虞吗？成王说：开玩笑呢。周公说：天子无戏言。又恰值唐国被灭，于是就把唐封给了叔虞。此县有晋水，后改名为晋。故子夏在《叙诗》中称此为晋阳县，而又叫做唐国，节俭而遵守礼仪，有上古尧帝之圣贤遗风。《晋书·地道记》及《十三州志》都说晋水出于龙山，一名结绌山，在晋阳县的西北，其实不是。《山海经》说：悬瓮之山，才是晋水的源出之地。今在晋阳县的西南。昔日智伯切断晋水以灌晋阳，导致晋水逆向回流，向上游而去。后人跟着智伯的脚印，在上游蓄出了一个沼池。沼西山水相伴，唐叔虞的祠堂便在此处。水侧有凉堂，还凌空架了一座桥在水上，左右树木繁茂成荫，很少能见到阳光，若是有亲朋好友，或者是说旅游览胜的官宦子弟们，莫不相约集结于此，互相取悦欢娱，这里在晋川之中，是最好的优游胜处。

济　水

"与河合流，又东过成皋县北，又东过荥阳县北，又东至砾磎南，东出过荥泽北"条

《释名》曰：济，济也。源出河北，济河而南也①。《晋地道志》曰：济自大伾入河，与河水斗，南泆为荥泽②。《尚书》曰：荥波既潴。孔安国曰：荥泽波水已成遏潴③。阚骃曰：荥播，泽名也。故吕忱云：播水在荥阳。谓是水也。昔大禹塞其淫水而于荥阳下引河，东南以通淮、泗，济水分河东南流④。汉明帝之世，司空伏恭荐乐浪人王景，字仲通，好学多艺，善能治水。显宗诏与谒者王吴始作浚仪渠，吴用景法，水乃不害，此即景、吴所修故渎也。渠流东注，浚仪故复，谓之浚仪渠⑤。明帝永平十五年，东巡至无盐，帝嘉景功，拜河堤谒者⑥。灵帝建宁四年，于敖城西北垒石为门，以遏渠口，谓之石门，故世亦谓之石门水。门广十余丈，西去河三里，石铭云：建宁四年十一月，黄场石也。而主吏姓名，磨灭不可复识⑦。魏太和中，又更修之，撤故增新，石字沦落，无复在者。水北有石门亭，戴延之所云新筑城，城周三百步，荥阳太守所镇者也。水南带三皇山，即皇室山，亦谓之为三室山也。

注释

①济：古水名，源于今中国河南省，流经山东省入渤海。

②泆：古通"溢"；荥泽：古代泽名。形成于史前，这里说的是黄河水沿古济水溢出后聚积为荥泽。荥泽与济水如连体弟兄、息息相连。

③遏潴：遏：阻止，古同"害"；潴：水积聚的地方。

④淫水：泛滥溢流的大水。

⑤复：还原，使如前。

⑥东巡：古代谓天子巡视东方。谒者：官名。

⑦磨灭：消失，湮灭，随着时间的变化而逐渐消失。

译文

《释名》说：济就是济水的意思。源出黄河以北，济河向南而流。《晋地道志》说：济水从大伾处入于黄河，横渡黄河后形成分流，向南溢出而形成荥泽。《尚书》说：荥波已经蓄满济河水。孔安国说：荥泽波水已经被堵断而积聚起来。阚骃说：荥播，是泽名。所以吕忱说：播水在荥阳。说的就是这条水。从前大禹堵塞住四溢泛滥的水而于荥阳低处引河，河水往东南与淮水、举泗水相通，把济水从河水分出去，流向东南。汉明帝时，司空伏恭推荐乐浪人王景，王景字仲通，好学而多才多艺，长于治水。显宗下诏要官拜谒者的王吴去开浚仪渠。吴用了王景的办法才杜绝了水患，这就是王景、吴两人所修的旧渠。渠水向东流灌，浚仪因为恢复，所以称浚仪渠。明帝于永平十五年去东方巡察，来到无盐，他为了嘉奖王景的功绩，任命他当河堤渴者。灵帝建宁四年，在敖城西北用石头垒筑了一道门，用以拦截渠口，称为石门，所以世人也将此水称为石门水。石门宽十余丈，西距大河三里。石上刻着：建宁四年十一月以黄场之石修建。但主持其事的官吏姓名却已模糊得看不出来了。魏太和年间，又加以重修，拆除了旧门，增建了新门，刻字的石条也就不存了。济水北岸有石门亭，就是戴延之所谓新筑的城，此城周围三百步，是荥阳太守镇守的地方。济水南傍三皇山流过，就是皇室山，也称之为三室山。

济水又东迳西广武城北，《郡国志》：荥阳县有广武城。城在山上，汉所城也。高祖与项羽临绝涧对语，责羽十罪，羽射汉祖中胸处也①。山下有水，北流人济，世谓之柳泉也。济水又东迳东广武城北，楚项羽城之。汉破曹咎，羽还广武，为高坛，置太公其上，曰：汉不下，吾烹之。

高祖不听，将害之。项伯曰：为天下者不顾家，但益怨耳。羽从之。今名其坛曰项羽堆。夹城之间，有绝涧断山，谓之广武、涧[2]。项羽叱娄烦于其上，娄烦精魄丧归矣。济水又东迳敖山北，《诗》所谓薄狩于敖者也。其山上有城，即殷帝仲丁之所迁也。皇甫谧《帝王世纪》曰：仲丁自亳，徙嚣于河上者也。或曰敖矣。秦置仓于其中，故亦曰敖仓城也。济水又东合荥渎，渎首受河水，有石门，谓之为荥口石门也，而地形殊卑，盖故荥播所导，自此始也。门南际河，有故碑云：惟阳嘉三年二月丁丑，使河堤谒者王诲，疏达河川，通荒庶土，云大河冲塞，侵啮金隄，以竹笼石葺土而为堨，坏隤无已，功消亿万，请以滨河郡徒，疏山采石垒以为障[3]。功业既就，徭役用息，未详诏书，许诲立功，府卿规基经始，诏策加命，迁在沇州，乃简朱轩，授使司马登，令缵茂前绪，称遂休功[4]。登以伊、洛合注大河，南则缘山，东过大伾，回流北岸，其势郁㥜，涛怒湍急激疾，一有决溢，弥原淹野，蚁孔之变，害起不测，盖自姬氏之所常蹙[5]。昔崇鲧所不能治，我二宗之所劬劳。于是乃跋涉躬亲，经之营之，比率百姓，议之于臣，伐石三谷，水匠致治，立激岸侧，以捍鸿波，随时庆赐，说以劝之，川无滞越，水土通演，役未逾年，而功程有毕，斯乃元勋之嘉谋，上德之弘表也[6]。昔禹修九道，《书》录其功；后稷躬稼，《诗》列于《雅》。夫不惮劳谦之勤，夙兴厥职，充国惠民，安得湮没而不章焉[7]。故遂刊石记功，垂示于后，其辞云云。使河堤谒者山阳东缗司马登，字伯志；代东莱曲城王诲，字孟坚；河内太守宋城向豹，字伯尹；丞汝南邓方，字德山；怀令刘丞，字季意；河堤掾匠等造。陈留浚仪边韶，字孝先颂。石铭岁远，字多沦缺，其所灭，盖厥如也。

注释

①绝涧：亦作“绝磵”。高山陡壁之下的溪涧。《孙子·行军》：“凡地有绝涧、天井、天牢、天罗、天陷、天隙，必亟去之，勿近也。”

②夹城：两边筑有高墙的通道。

③侵啮（niè）：逐渐损害。坏隤（tuí）：坍塌。

④缵（zuǎn）茂前绪：缵，继承；茂，美，有才德；此处为继承与发扬前人的事业。

⑤蚁孔之变：蚁孔，蚂蚁穿的洞。因一点小疏忽而引发大变化。

⑥庆赐：赏赐。《礼记·月令》："〔孟夏之月〕庆赐遂行，无不欣说。"唐 刘禹锡《代武中丞谢新茶表》："恭承庆赐，跪啟缄封。"

⑦夙兴：早起。

译文

济水又往东流，经过西广武城北边。《郡国志》：荥阳县有广武城，城在山上，是汉时所筑。汉高祖与项羽在深涧两岸互相对话，谴责项羽犯了十条大罪，项羽向汉高祖放箭，射中胸口，就是这地方。山下有水，北流注入济水，人们称为柳泉。济水又往东流经东广武城北面，城墙是楚王项羽所修。汉军打垮了曹咎，项羽回到广武，筑了一座高坛，把刘邦的父亲放在坛上，说：汉军不降，我就把老头子放在大锅里活活煮了！高祖不肯听他，项羽打算杀掉太公。项伯说：打天下的人顾不得家庭，杀了太公，只不过加深仇怨罢了。项羽终于听从了。现在把那座坛称为项羽堆。在两城中间，有一条切断山丘的深涧，称为广武涧，项羽曾在涧上厉声怒斥娄烦，吓得娄烦丧魂落魄逃了回去。济水又往东流经敖山北面。《诗经》里说的去敖山打猎捕兽，就指这地方。山上有城，就是殷帝仲丁迁都的地方。皇甫谧《帝王世纪》说：仲丁从亳迁到河上的嚣，也有人说这就是敖。秦时在那里设了粮仓，所以又叫敖仓城。济水又东流，与荥渎汇合。荥渎上口引入河水，有石门，称为荥口石门，但地势却十分低洼，旧时流到荥播泽的水，就是从这里开始的。石门南边近河，有一块旧碑，上面刻着：阳嘉三年二月丁丑日，派河堤谒者王诲去疏浚河道，通过荒芜的土地。说是由于大河冲积淤塞，因而侵蚀了堤防，过去总是用竹笼装石头，填上泥土来筑堤，但用这种办法筑的堤时常毁坏，引起溃决，枉费了亿万人工。因此请求临河各郡派出民伕，开山采石来砌筑堤岸，工程完成以后，徭役也可停息了。辛未日朝廷颁发诏书，同意王诲立功，少府卿着手规划基址，下诏颁发策书给予赏赐。但不久他又调职于沈州。于是挑选了一辆马车，给予使者司马登，要他继承前人的事业，去完成这项重大的工程。司马登考虑到伊、洛二水都注入大河，南岸沿着山脚，往东流经大伾，回流冲击北岸，来势凶猛，怒涛湍急汹涌，一旦决堤泛滥，就会把整片原野淹没。一个小小的蚁穴，也会酿成意外的大灾。古时从姬氏以来就老是为此忧心忡忡了，从前崇伯鲸也不能把大水治好，本朝两位皇上也为此辛劳。于是他就亲自来往奔波，辛苦经营，和大臣一起商议，带领百姓从三处山谷里采石，由治水工匠在岸边筑起防波堤，来阻挡巨浪。工程进行期间，经常给予赏赐，以资勉励。因而河道既不会阻滞不畅，也不会波涛汹涌，于是水土调和滋润。施工不到一年，工程就顺利完成了，这实在是几位有功之臣督导有方，皇上威德弘大昭彰的结果。从前禹疏通了九条河道，《尚书》就记载了他的功勋；后樱亲自从事农耕，《诗经》就在《大雅》里颂扬他。今天这些治水者，不怕辛劳勤苦，每天一早就起来负起他们的职责，为富国利民而努力，怎么可以埋没了他们，使他们的劳绩不能显扬于世呢？因此就刻石记功流芳于后世。末后的颂辞从略。使臣河堤谒者山阳东络司马登，字伯志，代理东莱曲成王诲，字孟坚；河内太守宋城向豹，字伯尹；丞汝南邓方，字德山；怀县县令刘承，字季意，以及河堤属官工匠等造。陈留浚仪边韶，字孝先作颂辞。碑文因岁月悠久，字迹多已模糊残缺，完全看不出来的地方就从略了。

原文

荥渎又东南流，注于济，今无水。次东得宿须水口，水受大河，渠侧有扈亭水，水自亭东南流，注于济，今无水。宿须在河之北，不在此也，盖名同耳。自西缘带山隰，秦、汉以来，亦有通否。济水与河浑涛东注。晋太和中，桓温北伐，将通之，不果而还。义熙十三年，刘公西征，又命宁朔将军刘遵考仍此渠而漕之，始有激湍东注，而终山崩壅塞，刘公于北十里更凿故渠通之[①]。今则南渎通津，川涧是导耳。济水于此，又兼邲目。《春秋·宣公十三年》，晋、楚之战，楚军于邲。即是水也。音下。京相瑶曰：在敖北。济水又东迳荥阳县北，曹太祖与徐荣战，不利，曹洪授马于此处也。济水又东，砾石溪水注之[②]。水出荥阳城西南李泽，泽中有水，即古冯池也。《地理志》曰：荥阳县，冯池在西南是也。东北流，历敖山南。《春秋》，晋、楚之战，设伏於敖前，谓是也。迳虢亭北，池水又东北迳荥阳县北断山，东北注于济，世谓之砾石涧，即《经》所谓砾溪矣。《经》云济出其南，非也。济水又东，索水注之，水出京县西南嵩渚山，与东关水同源分流，即古旃然水也。其水东北流，器难之水注之。《山海经》曰：少陉之山，器难之水出焉，而北流注于役水。即此水也。其水北流迳金亭，又北迳京县故城西，人于旃然之水[③]。城，故郑邑也。庄公以居弟段，号京城大叔。祭仲曰：京城过百雉[④]，国之害也。城北有坛山冈。《赵世家》成侯二十年，魏献荥阳，因以为坛台冈也。其水乱流，北迳小索亭西。京相瑶曰：京有小索亭。《世语》以为本索氏兄弟居此，故号小索者也。又为索水。索水又北迳大栅城东，晋荥阳民张卓、董迈等遭荒，鸠聚流杂保固[⑤]，名为大栅坞。至太平真君八年，豫州刺史崔白，自虎牢移州治此，又东开广旧城，创制改筑焉。太和十七年，迁都洛邑，省州置郡。索水又屈而西流，与梧桐涧水合。水出西南梧桐谷，东北流注于索。斯水亦时有通塞，而不常流也。

注释

①激湍（tuān）：急流。

②砾（lì）石：特指经水流冲击磨去棱角的岩石碎块。

③旃然之水：秋时期郑国水名即今河南荥阳市之索河上游。以源于旃然地而得名。其源于今崔庙镇三山西南之石岭寨，东北流，经翟沟、丁店，与古之器难水汇而北流。周灵王十七年（公元前555年），楚国攻伐郑国，其右师渡过颍水北进，曾驻扎于此水源头之旃然地。《左传襄公十八年》："楚师伐郑，右师城上棘，遂涉颍，次于旃然"，即指此水发

源地。

④百雉（zhì）：指城墙的长度达三百丈。是春秋时国君的特权。雉，古代计算城墙面积的单位。长三丈高一丈为一雉。

⑤鸠（jiū）聚：聚集。《晋书·阎鼎传》："乃於密县间鸠聚西州流人数千，欲还乡里。"唐 孔颖达《<礼记正义>序》："错総鸠聚，以类相附。"《清史稿·理密亲王允礽传》："乃其恶愈张，僇辱廷臣，专擅威权，鸠聚党与，窥伺朕躬起居动作。"

译文

荥渎又往东南流，注入济水，现在已经干涸无水了。稍东，有宿须水口。宿须水上流承接大河，渠道旁边有启亭，水从启亭往东南流，注入济水，现在也干涸无水了。宿须在大河以北，不在这里，不过同名罢了。水从西边沿着山边低地流过，自秦汉以来，就常常时通时塞，济水与河水汇合向东奔流。晋太和年间（366 — 371）桓温北伐，打算疏通水流，但没有成功就退回了。义熙十三年（417），刘裕西征，又下令宁朔将军刘遵考沿这条渠道运粮，开始时有激湍东流，最后却因山崩而堵塞了河道，于是刘裕在北方十里重新开凿阳渠来通航。但现在却只有南渠流通，因为引了溪涧里的水。济水在这里又兼有郲水之名。《春秋》宣公十三年（前596），晋楚两国交战，楚军驻扎在郲城，就在这条水边。郲，音卞。京相播说。郲水在敖山以北。济水又往东流经荥阳县北边。曹操一与徐荣作战，打了败仗，曹洪在这里把马让给他骑。济水又东流，砾石溪水注入。砾石溪水发源于荥阳城西南李泽，泽中有水。这泽就是古时的冯池。《地理志》说：荥阳县，冯池在县城西南面。水往东北流经敖山南面。《春秋》：晋、楚交战，在敖山前布置了伏兵。说的就是这座山。池水流经貌亭北面，又往东北流经荥阳县北面，穿过断山，往东北注入济水，世人称为砾石涧，就是《水经》所说的砾石溪。《水经》说济水流过溪南，其实不是。济水又东流，有索水注入。索水发源于京县西南的篙诸山，与东关水同出一源，但分道而流，就是古时的旗然水。

水往东北流，器难之水注入。《山海经》说：少隆之山，器难之水就发源在那里，北流注入侵水，说的就是这条水。水往北流经金亭，又往北流经京县老城西，注入旗然水。老城就是从前的郑邑。庄公把他的弟弟段迁到那里去住，号称京城大叔。祭仲说：京城太大了，超过三百推，会成为国家的祸害的。城北有坛山冈。《赵世家》：成侯二十年（前355），魏国献出荥阳，于是在冈上筑坛建台。旗然水往北乱流，经小索亭西。京相潘说：京城有小索亭。《世语》以为索氏兄弟本来住在这地方，所以地名叫小索，水也就叫索水了。索水又往北流经大栅城东，晋时荥阳居民张卓、董迈等遭遇饥荒，集合了一批流民杂户坚守，称为大栅坞。到了太平真君八年（447），豫州刺史崔白把州治从虎牢迁到这里，又把旧城向东拓宽，加以重建。太和十七年（493），迁都洛邑，废州改郡。索水又折向西流，与梧桐涧水汇合。涧水发源于西南方的梧桐谷，往东北流，注入索水。这条水也时常有通有塞，不是长流不断的。

原文

索水又北屈，东径大索城南。《春秋传》曰：郑子皮劳叔向于索氏。即此城也。《晋地道志》所谓京有大索、小索亭。《汉书》京、索之间也。索水又东径虢亭南。应劭曰：荥阳，故虢公之国也，今虢亭是矣。司马彪《郡国志》曰：县有虢亭，俗谓之平桃城。城内有大冢，名管叔冢。或亦谓之为号咷城，非也。盖号、虢字相类，字转失实也。《风俗通》曰：俗说高祖与项羽战于京、索，遁于薄中。羽追求之，时鸠止鸣其上，追之者以为必无人，遂得脱。及即位，异此鸠，故作鸠杖以扶老。案《广志》，楚鸠一名嗥啁，号咷之名，盖因鸠以起目焉，所未详也。索水又东北流，须水右入焉。水近出京城东北二里榆子沟，亦曰柰榆沟也，又或谓之为小索水。东北流，木蓼沟水注之，水上承京城南渊，世谓之车轮渊。渊水东北流，谓之木蓼沟。又东北入于须水。须水又东北流，于荥阳城西南北注索。索水又东径荥阳县故城南。汉王之困荥阳也，纪信曰：臣诈降楚王，宜间出。信乃乘王车出东门，称汉降楚。楚军称万岁，震动天地，王与数十骑出西门得免楚围。羽见信大怒，遂烹之。信冢在城西北三里。故蔡伯喈《述征赋》曰：过汉祖之所隘，吊纪信于荥阳。其城跨倚冈原，居山之阳，王莽立为祈队，备周六队之制。魏正始三年，岁在甲子，被癸丑诏书，割河南郡县，自巩阙以东，创建荥阳郡，并户二万五千，以南乡筑阳亭侯李胜，字公昭，为郡守。故原武典农校尉，政有遗惠，民为立祠于城北五里，号曰李君祠。庙前有石蹠，蹠上有石的，《石的铭》具存。其略曰：百族欣戴，咸推厥诚。今犹祀祷焉。索水又东径周苛冢北。汉祖之出荥阳也，令御史大夫周苛守之，项羽拔荥阳获苛，曰：吾以公为上将军，封三万户侯，能尽节乎？苛瞋目骂羽，羽怒，烹之。索水又东流，北屈西转，北径荥阳城东，而北流注济水。杜预曰：旃然水出荥阳成皋县，东入汳。《春秋》襄公十八年，楚伐郑，右师涉颖，次于旃然，即是水也。济渠水断汳沟，惟承此始，故云汳受旃然矣。亦谓之鸿沟水，盖因汉、楚分王，指水为断故也。《郡国志》曰：荥阳有鸿沟水是也。盖因城地而变名，为川流之异目。济水又东径荥泽北，故荥水所都也。

译文

索水又折向北边，往东流经大索城南。《春秋左传》说：郑子皮在索氏慰劳叔向，说的就是此城。《晋地道志》所谓京城有大索亭和小索亭，《汉书》中说的京、索之间，就指大索城。索水又往东流经彼亭南边。应劭说：荥阳是旧时貌公的国都，就是今天的貌亭。司马彪《郡国志》说：县里有貌亭，俗称平桃城。城内有一座大坟，叫管叔冢；也有把城称为统（号）眺城的，这不对。统、藐字形相似，因而辗转传抄，以致失实。《风俗通》说：民间相传，说汉高祖与项羽在京、索作战，逃到薄中，项羽在后面追来，到处搜寻他。当时有鸿在他藏身处的丛莽上鸣叫，追捕的人们都以为下面一定无人，因而得以脱身。到了他即位以后，想到这只鸡觉得颇为神异，所以做了鸡杖送给老人支身。按《广志》，楚国的鸿又叫啤惆，号眺城这地名，大概就是因鸿而取的吧，但也不大清楚。索水又往东北流，须水向右边流入。须水发源于京城东北二里的榆子沟，也叫奈榆沟，也有人叫小索水，往东北流，有木寥沟水注入。木寥沟水上流承接京城的南渊，人们称为车轮渊。渊水往东北流，叫木寥沟，又往东北流，注入须水。须水又往东北流，在荥阳城西南，往北注入索水。索水又往东流经荥阳县老城南。汉王在荥阳被围困，纪信说：我给您做替身向楚诈降，大王您可以乘间逃出去。于是纪信坐着汉王的车从东门出城，宣称汉向楚投降了。楚军都欢呼祝贺，呼声震天动地。汉王和数十人马却从西门出城，逃脱了楚军包围。项羽一看原来是纪信，火冒三丈，就把纪信投到沸水锅中煮死。纪信墓在离城西北三里处。所以蔡伯喈《述征赋》说：经过汉高祖受节困之处，在荥阳凭吊纪信。荥阳城跨于丘冈高地，坐落在山的南坡，王莽立为祈队，完全按照《周礼》六队的建制。魏正始三年（242），正值甲子之年，照癸丑诏书，划出河南郡县，从巩县、伊网以东的地方，创建荥阳郡，合共二万五千户。以南乡筑阳亭侯李胜为郡守。李胜，字公昭，曾为原武典农校尉，施政惠及地方，老百姓在城北五里为他立祠，号称李君祠。庙前有脚形石，上面有石箭靶，《石的铭》如今还在，大意是说：百姓欣然拥护他，大家都出于一片真心诚意。现在人们还来祭祀祈祷。索水又往东流经周苛墓北面。汉高祖出了荥阳，派御史大夫周苛去防守，项羽攻下荥阳，俘获周苛，对他说：我让你当上将军，封三万户侯，您能够尽忠守节吗？周苛张大眼睛痛骂项羽，项羽大怒，把他投到沸水锅里煮了。索水又东流，北弯西转，往北流经荥阳城东面，然后北流注入济水。杜预说：旗然水发源于荥阳成皋县，东流注入饭水。《春秋》襄公十八年（前555），楚国攻打郑国，右翼军队涉过颖水，驻扎在旗然，说的就是此水。济渠水断了，饭沟就在这里承接此水，所以说：饭水承接旗然水。也叫鸿沟水，大概因为楚、汉划地分王，指定以此水为界的缘故。《郡国志》说：荥阳有鸿沟水。这些水名都是随所经的城池和地区而变，成为河流的异名的。济水又往东流经荥泽北面，这是先前荥水汇聚的地方。

原文

济水又东北，泺水入焉，水出历城县故城西南，泉源上奋，水涌若轮。《春秋·桓公十八年》，公会齐侯于泺是也。俗谓之为娥姜水，以泉源有舜妃娥英庙故也①。城南对山，山上有舜祠，山下有大穴，谓之舜井，抑亦茅山禹井之比矣。《书》：舜耕历山②，亦云在此，所未详也。其水北为大明湖③，西即大明寺，寺东北两面侧湖，此水便成净池也。池上有客亭，左右楸桐，负日俯仰，目对鱼鸟，水木明瑟，可谓濠梁之性④，物我无违矣。湖水引渎，东人西郭，东至历城西而侧城北注，陂水上承东城，历祠下泉，泉源竞发。其水北流迳历城东，又北，引水为流杯池，州僚宾燕，公私多萃其上。分为二水，右水北出，左水西迳历城北。西北为陂，谓之历水，与泺水会。又北，历水枝津首受历水于历城东，东北迳东城西而北出郭，又北注泺水。又北，听水出焉。泺水又北流注于济，谓之泺口也。济水又东北，华不注山单椒秀泽，不连丘陵以自高；虎牙桀立⑤，孤峰特拔以刺天。青崖翠发，望同点黛⑥。山下有华泉，故京相璠《春秋土地名》曰：华泉，华不注山下泉水也。《春秋左传·成公二年》，齐顷公与晋郤克战于鞌，齐师败绩，逐之。三周华不注，逢丑父与公易位，将及华泉，骖絓于木而止。丑父使公下，如华泉取饮，齐侯以免。韩厥献丑父，郤子将戮之，呼曰：自今无有代其君任患者，有一于此，将为戮矣。郤子曰：人不难以死免其君，我戮之不祥，赦之以劝事君者⑦。乃免之。即华水也。北绝听渎二十里，注于济。

注释

①娥姜水：水名。又名泺水。源出山东历城县西南，东流经章丘、邹平等地，至博兴合时水入海。古以发源处有舜妃娥英庙，故称娥姜水。春秋鲁桓公十八年，公会齐侯于此。

②舜耕历山：舜为上古五帝之一，相传舜对虐待迫害他的父母坚守孝道，“舜耕历山，历山之人皆让畔，渔雷泽，雷泽之人皆让居。”只要

是他劳作的地方，就兴起礼让的风尚，他走到哪里，人们都愿意追随。一年所居成聚，二年成县，三年成为都市。

③大明湖：现今在山东省济南市旧城北部。由珍珠泉、芙蓉泉、王府池等多处泉水汇成，湖面46．5公顷，出小清河流入渤海。

④濠梁之性：濠梁，犹濠上。梁，桥梁。濠梁之性、物我无违都与庄子的道家思想有关。文中指顺其自然，破除我执，自然随适，不分物我的齐物思想。

⑤单椒：孤峰。桀立：耸立。

⑥点黛：指用黑青色颜色画的眉毛。

⑦赦之：免除和减轻刑罚。

译文

济水又向东北流去，泺水注入。泺水发源于历城县老城西南面，源泉上涌，水势若滚滚的车轮。《春秋·桓公十八年》，齐桓公因公事和齐侯相会于泺水，就指此水。俗称娥姜水，因为泉源处有舜的妃子娥皇女英庙的缘故，此城南面向山，山上有舜祠，山下有个大石洞，叫做舜井，或许也是茅山禹井之类的。按《尚书》舜在历山耕种，也说是在这里，不大清楚。水往北流就是大明湖，西边接近大明寺，寺院东北两面临湖，此湖水就成了净池。池上有客亭，两边楸桐茂密，遮住太阳俯视着池塘中的鱼，仰视着天空中的鸟，湖水与树木辉映的莹净美丽，此情景，可如庄子在濠梁之辩中所说的进入人与自然和谐统一，物我两忘之境。湖水通过渠道，从东侧流到了西城墙外，往东到历城西面沿城向北灌注，陂塘承水东城，经过祠堂向下直入泉水，泉源竞发，流势强劲。此水北流经过城东，继续向北，引水蓄成流杯池，州郡官吏设宴款待宾客，无论公事还是私事经常都在这里会聚。水分为两条：右边一条往北，左边一条往西流经历城北面。西北有一片陂塘，称为历水，与泺水汇合。又北流，这里有一条历水的支流，上口在历城东边承接历水，往东北流经东城西面，然后北流出城，又北流注入泺水；又北流，分出听水。泺水又北流，注入济水，汇流处称为泺口。济水又往东北流，华不注山冈峦秀丽光润，不与丘陵相连而独自高起，孤峰峭峻耸峙，有如虎牙耸立，刺向天空。青苍的石崖翠色郁然怒发，远望就像点上青黛似的。山下有华泉，所以京相潘《春秋土地名》说：华泉是华不注山下的泉水。《春秋左传·成公二年》，齐顷公与晋国郤克在鞍打仗，齐军败走，郤克随后追击，绕着华不注山接连兜了三个圈子。丑父与顷公交换位置，快到华泉时，驾车的马被树绊住，停了下来。丑父叫顷公下车，去华泉打水，因此齐侯得以逃脱。韩厥抓了丑父献郤克，郤克想要杀他。丑父高叫道：从今以后，不会再有人替他的君主受难了。这里有了一个，就要被杀了！郤克说：别人为君主免祸而毅然赴死，我把他杀了也是不好，不如饶了他，以勉励忠于君主的人吧。于是就放了他。这里说到的华泉，就是华水。华水北流，穿过听渎二十里，注入济水。

清 水

“清水出河内修武县之北黑山”条

原文

黑山在县北白鹿山东，清水所出也。上承诸陂散泉，积以成川。南流西南屈，瀑布乘岩，悬河注壑二十余丈，雷赴之声①，震动山谷。左右石壁层深，兽迹不交，隍中散水雾合，视不见底。南峰北岭，多结禅栖之士②；东岩西谷，又是刹灵之图。竹柏之怀，与神心妙远，仁智之性，共山水效深，更为胜处也。其水历涧飞流，清泠洞观，谓之清水矣。溪曰瑶溪，又曰瑶涧。清水又南，与小瑶水合，水近出西北穷溪，东南流注于清水，清水又东南流，吴泽陂水注之，水上承吴陂于修武县故城西北。修武，故甯也，亦曰南阳矣③。马季长曰：晋地自朝歌以北至中山为东阳，朝歌以南至轵为南阳④。故应劭《地理风俗记》云：河内，殷国也，周名之为南阳。又曰：晋始启南阳。今南阳城是也。秦始皇改曰修武。徐广、王隐并言始皇改。瓒注《汉书》云：按《韩非书》，秦昭王越赵长平，西伐修武。时秦未兼天下，修武之名久矣。余按《韩诗外传》言，武王伐纣，勒兵于甯，更名甯曰修武矣。魏献子田大陆还⑤，卒于甯是也。汉高帝八年，封都尉魏遬为侯国。亦曰大修武，有小，故称大。小修武在东，汉祖与滕公济白玉门津，而宿小修武者也。大陆即吴泽矣。

注释

①陂（bēi）：山坡，斜坡。壑（hè）：坑谷，深沟。

②禅栖：谓出家隐居。

③修武：整治武备。《庄子·天道》“三军五兵之运”唐成玄英疏：“夫圣明之世，则偃武修文；逮德下衰，则偃文修武。”

④朝歌：河南古城，为中国商朝末代行都和春秋时期卫国国都，两朝故都。朝歌（今河南鹤壁淇县）是《封神榜》故事发生地，在作为商纣王的国都时期朝歌达到鼎盛，具有3000多年的古都史，是华夏文明的主要发祥地之一。

⑤勒兵于甯（níng）：勒兵，治军，操练或指挥军队。甯，邑名。

译文

黑山在修武县北方白鹿山的东头，是清水的发源地。清水上流承接陂塘散流的水，汇集成为河流南流，转向西南；水流成为瀑布，乘岩而下，从二十余丈的高处直泻入深壑中，轰雷般的响声震动了整个山谷。两边的石壁层层叠叠极其幽深，连野兽的足迹也到不了那里，深涧中水流冲激飞溅，升腾起一层雾气，俯视深不见底。这一带远近各处的峰岭上，居住着不少修道幽居的人，岩谷间也散布着些寺院佛塔。清高绝俗的情怀，与神灵之心一样幽远，仁人志士们的至性，得山水之美而愈益深厚，这真是极其佳胜的地方。山水穿过幽涧飞流，澄澈见底，因而称为清水。溪叫瑶溪，又叫瑶涧。清水又南流，与小瑶水汇合。小瑶水发源于西北近处深山里的溪涧。往东南流，注入清水。清水又往东南流，有吴泽陂水注入。陂水上流在修武县老城西北承接吴陂。修武县就是旧时的甯，又叫南阳。马季长说：晋国地域从朝歌以北到中山是东阳，朝歌到轵是南阳。所以应劭《地理风俗记》说：河内是殷国，周人称为南阳。又说：晋国开始开发南阳。指的就是现在的南阳城。秦始皇改名为修武。徐广、王隐也都说是秦始皇改的。薛瓒注《汉书》说：按韩非的书，秦昭王越过赵国的长平，从西面进攻修武，当时秦国还没有统一天下，修武这地名早就有了。我按《韩诗外传》说：武王讨伐纣王，在甯练兵，把甯改名为修武。魏献子在大陆打猎回来，死于甯。汉高帝八年，把这里封给都尉魏遬，立为侯国，也叫大修武。因为有个小修武，所以这里叫大修武。小修武在东，汉高祖与滕公从玉门津渡水，夜宿小修武，就是这地方。大陆就是吴泽。

原文

《魏土地记》曰：修武城西北二十里有吴泽水。陂南北二十许里，东西三十里，西则长明沟人焉。水有二源。北水上承河内野王县东北界沟，分枝津为长明沟。东迳雍城南，寒泉水注之，水出雍城西北，泉流南注，迳雍城西。《春秋·僖公二十四年》，王将以狄伐郑，富辰谏曰[①]：雍，文之昭也。京相璠曰：今河内山阳西有故雍城。又东南注长明沟，沟水又东迳射犬城北[②]，汉大司马张扬为将杨醜所害，眭固杀醜屯此，欲北合袁绍。《典略》曰：眭固字白菟，或戒固曰：将军字菟，而此邑名犬，菟见犬，其势必惊，宜急去。固不从。汉建安四年，魏太祖斩之于此。以魏种为河内太守，守之。沇州叛，太祖曰：惟种不弃孤。及走，太祖怒曰：种不南走越，北走胡，不汝置也。射犬平，禽之。公曰：惟其才也，释而用之。长明沟水东人石涧，东流，蔡沟水人焉。水上承州县北，白马沟东分，谓之蔡沟。东会长明沟水，又东迳修武县之吴亭北，东入吴陂。次北有苟泉水入焉，水出山阳县故修武城西南，同源分派，裂为二水。南为苟泉，北则吴渎，二渎双导，俱东入陂。山阳县东北二十五里有陆真阜，南有皇母、马鸣二泉，东南合注于吴陂也。次陆真阜之东北，得覆釜堆，堆南有三泉，相去四五里，参差合次，南注于陂[③]。泉在浊鹿城西，建安二十五年，魏封汉献帝为山阳公，浊鹿城，即是公所居也。陂水之北际泽，侧有隤城，《春秋·隐公十一年》，王以司寇苏忿生之田，攒茅、隤十二邑与郑者也。京相璠曰：河内修武县北有故隤城，实中。今世俗谓之皮垣，方四百步，实中，高八丈。际陂，北隔水十五里，俗所谓兰丘也，方二百步。西十里又有一丘际山，世谓之敕丘，方五百步，形状相类，疑即古攒茅也。杜预曰：二邑在修武县北，所未详也。又东，长泉水注之，源出白鹿山东南，伏流迳十三里，重源濬发于邓城西北，世亦谓之重泉水也。又迳七贤祠东，左右筠篁列植，冬夏不变贞萋[④]。魏步兵校尉陈留阮籍，中散大夫谯国嵇康，晋司徒河内山涛，司徒琅邪王戎，黄门郎河内向秀，建威参军沛国刘伶，始平太守阮咸等，同居山阳，结自得之游，时人号之为竹林七贤⑤。

注释

①谏：旧时称规劝君主或尊长，使改正错误。

②射：气体或液体等受到压力迅速流出。

③参差：不齐。陂：池塘，斜坡。

④�篁：丛竹。贞萋：长青而茂盛。

⑤竹林七贤：竹林七贤是指西晋初期的七位名士：阮籍、嵇康、山涛、刘伶、阮咸、向秀、王戎。他们是当时魏晋玄学的代表人物，在生活上不拘礼法，清静无为，主张老庄之学。聚众在竹林喝酒，纵歌。

译文

《魏土地记》说：修武城西北二十里有吴泽水。陂塘南北约二十里，东西三十里，西边有长明沟流入。此水有两个源头，北边一条上游承接河内野王县东北的界沟，分出支流就是长明沟，往东流经雍城南面，有寒泉水注入。寒泉水发源于雍城西北面，泉水往南流经雍城西面。《春秋·禧公二十四年》，周王打算调狄人去攻郑国。富辰劝、阻道：雍是文王子孙的封国。京相璠说：现在河内山阳西面有旧雍城。又往东南注入长明沟，沟水又往东流经射犬城北面。汉朝大司马张扬被将军杨醜所害，眭固杀了驻在这里的杨醜，心想北进与袁绍会合。《典略》说：眭固字白菟。有人提醒眭固说：将军字菟，而这座城名叫犬，兔子见了狗势必惊吓，你还是赶快离开为好。但眭固不听。汉建安四年，魏太祖就在这里杀了他，派魏种去当河内太守，驻守在这里。沇州反叛时，太祖说：只有魏种不会背弃我。但他却逃走了，太祖生气地说：魏种不往南逃到南越，往北逃向胡人，我不会饶了你的！平定射犬后，就把他抓住了，曹操说：我只是看中他的才能，才免了他的罪加以使用的。长明沟水东流注入石涧，东流，有蔡沟水注入。蔡沟水上流承接州县北面的白马沟，向东分支流出，称为蔡沟，往东与长明沟水汇合，又往东流经修武县吴亭北面，往东注入吴陂。稍北有苟泉水注入。苟泉水出自山阳县修武城西南，同一个源头分成两条水；南边是苟泉，北边是吴渎，两条水都往东流入陂塘中。山阳县东北二十五里有陆真阜，南面有皇母、马鸣两条水泉，往东南合流注入吴陂。靠近陆真阜的东北面，有覆釜堆，覆釜堆南有三支泉水，相距各有四五里，参差地汇合，往南注入陂泉。陂泉在浊鹿城西边，建安二十五年，魏封汉献帝为山阳公，浊鹿城就是他所居的地方。陂水北面，靠近际泽，旁边有隤城。《春秋·隐公十一年》，周王把司寇苏忿生的田地，攒茅、隤等十二个城邑给与郑人。京相璠说：河内修武县北面有老隤城，很坚固。现在俗称皮垣，四百步见方，很坚固，高八丈。靠近陂塘北岸，隔水十五里，就是民间所说的兰丘，方圆二百步。往西十里又有一座小丘，靠近山边，人们称为敕丘，方圆五百步，形状相似，想来可能就是古时的攒茅。杜预说：两座城都在修武县北边，不知是否如此。又东流，有长泉水注入。长泉源出白鹿山东南，潜流地下十三里，又在邓城西北重新流出地面，世人也叫重泉水。又流经七贤祠东面，祠庙左右两边遍植翠竹，无论冬夏都是秀色葱茏。魏步兵校尉陈留阮籍、中散大夫谯国嵇康、晋司徒河内山涛、司徒琅邪王戎、黄门郎河内向秀、建威参军沛国刘伶、始平太守阮咸等，都一同住在山阳，常结伴同游，逍遥自得，当时人称他们为竹林七贤。

原文

向子期所谓山阳旧居也，后人立庙于其处，庙南又有一泉，东南流注于长泉水。郭缘生《述征记》所云，白鹿山东南二十五里有嵇公故居，以居时有遗竹焉，盖谓此也。其水又南迳邓城东，名之为邓渎，又谓之为白屋水也。昔司马懿征公孙渊，还达白屋，即于此也。其水又东南流迳隤城北，又东南历泽注于陂。陂水东流，谓之八光沟，而东流注于清水，谓之长清河。而东周永丰坞，有丁公泉发于焦泉之右。次东得焦泉，泉发于天门之左，天井固右。天门山石自空，状若门焉，广三丈，高两匹，深丈余，更无所出，世谓之天门也[①]。东五百余步，中有石穴西向，裁得容人，东南人，径至天井，直上三匹有余，扳蹑而升[②]，至上平，东西二百步，南北七百步，四面险绝，无由升陟矣[③]。上有比邱释僧训精舍④，寺有十余僧，给养难周，多出下平，有志者居之。寺左右杂树疏颁。有一石泉，方丈余，清水湛然，常无增减，山居者资以给饮。北有石室二口，旧是隐者念一之所，今无人矣。泉发于北阜，南流成溪，世谓之焦泉也。次东得鱼鲍泉，次东得张波泉，次东得三渊泉，梗河三连，女宿相属⑤，是四川在重门城西并单川南注也。重门城，昔齐王芳为司马师废之，宫于此，即《魏志》所谓送齐王于河内重门者也。城在共县故城西北二十里，城南有安阳陂，次东又得卓水陂，次东有百门陂，陂方五百步，在共县故城西。汉高帝八年，封卢罢师为共侯，即共和之故国也。共伯既归帝政，逍遥于共山之上。山在国北，所谓共北山也。仙者孙登之所处，袁彦伯《竹林七贤传》：嵇叔夜尝采药山泽，遇之于山，冬以被发自覆，夏则编草为裳，弹一弦琴，而五声和。其水三川南合，谓之清川。又南迳凡城东。司马彪、袁山松《郡国志》曰：共县有凡亭，周凡伯国。《春秋·隐公七年》，《经》书王使凡伯来聘是也。杜预曰：汲郡共县东南有凡城。今在西南。其水又西南与前四水总为一渎，又谓之陶水，南流注于清水。清水又东周新丰坞，又东注也。

注释

①天门：神话传说中天宫的门。

②扳蹑（bān niè）：攀爬。扳，往下或往里拉。蹑，踩，踏。

③升陟（zhì）：升登，攀登。

④精舍：僧道居住或说法布道的处所。

⑤女宿：星宿名。也称须女、婺女，为二十八宿之一。北方玄武七星之第三宿，有四星，属宝瓶座。唐 罗隐《暇日投钱尚父》诗：“斗牛星边女宿间，栋梁虚敞丽江关。”明 张煌言《＜冰槎集＞引》：“昔之乘槎者，或为客星而犯斗牛，或入女宿而得支机，故至今羡为胜事。”

译文

这就是向子期所渭的山阳旧居。后人在那地方立庙，庙南有一条泉水，往东南流，注入长泉水。郭缘生《 述征记》说，白鹿山东南二十五里有嵇公故居，因为当时还留有竹林才知道的。他指的就是这地方。水又往南流经邓城东边，名为邓渎，又称白屋水。从前司马懿攻打公孙渊，归来时到达白屋，就指这地方。水又往东南流经隤城北面，又往东南流过历泽，注入陂塘中。陂水东流，称为八光沟；东流注入清水，又叫长清河。东周的永丰坞有丁公泉，从焦泉右边流出。稍东又有焦泉，此泉是从天门左边、天井固右边流出的，天门山的岩石天然形成空缺，形状像是门户，宽三丈，高八丈，深约一丈余，此外没有别的出口，因此世人称为天门。往东五百余步，内有石洞，洞日朝西，只容得下一个人，从东南方进入，可直达天井；从这里一直往上爬了大约十二丈，手扳脚踏，直爬到上面，却是一片坦平的山顶，东西二百步，南北七百步，四面险峻陡峭极了，根本没有可攀登的地方。顶上有持戒僧人修行的地方，寺内有僧徒十余人，衣食等生活必需品都要从下面的平原搬运上来，很难供应周全，所以只有修炼意志十分坚定的人才会来这里居住。寺院旁边杂树疏疏落落，有一洼石井泉，丈余见方，一泓清泉平静不波，住在山上的人都靠这泉水饮用。北边有两个石室，从前是隐居的人静心修炼的地方，现在已经无人居住了。泉水从北阜涌出，南流成为溪涧，人们称为焦泉。稍东有鱼鲍泉，又往东有张波泉，再往东有三渊泉，这四条泉水正像梗河三星结合在一起，并与女宿遥相联系一样，在重门城西面汇合成为一条，往南流注。重门城是从前齐王芳被司马师废黜后，在这里居住之处。《魏志》说的遣送齐王到河内重门，就是这地方。城在共县老城西北二十里，城南有安阳陂，稍东又有卓水陂，稍东又有百门陂。百门陂方圆五百步，在共县老城西面。汉高帝八年，封卢罢师为共侯，就是共和的故都。共伯还政于宣王，在共山上逍遥自在地过着隐居生活。山在都城北面，就是所谓共北山，仙人孙登就住在那里。袁彦伯《竹林七贤传》记载：嵇叔夜曾在山林泽地采药，在山上遇到他，冬天散着头发来遮蔽自己的身体，夏天编草做衣裳，他用独弦琴弹奏，却能奏出和谐的五音。山上有三条水南流汇合成一条，称为清川。又往南流经凡城东。司马彪、袁山松《郡国志》说：共县有凡亭，是周时凡伯的封国。《春秋·隐公七年》，《经》文记载，周王派遣凡伯前来访问。杜预说：汲郡共县东南有凡城。现在却在西南面。水又往西南流，与前面那四条水汇为一条，又叫陶水，南流注入清水。清水又东流，绕过新丰坞，然后又往东奔去。

“又东过汲县北”条

原文

县，故汲郡治，晋太康中立。城西北有石夹水，飞湍濬急，人亦谓之磻溪，言太公尝钓于此也①。城东门北侧有太公庙，庙前有碑，碑云：太公望者，河内汲人也。县民故会稽太守杜宣白令崔瑗曰：太公本生于汲，旧居犹存。君与高、国同宗太公，载在《经》《传》，今临此国，宜正其位，以明尊祖之义。于是国老王喜、廷掾郑笃、功曹邠勤等咸曰：宜之②。遂立坛祀，为之位主。城北三十里，有太公泉，泉上又有太公庙，庙侧高林秀木，翘楚竞茂③。相传云：太公之故居也。晋太康中，范阳卢无忌为汲令，立碑于其上。太公避纣之乱，屠隐市朝，遁钓鱼水，何必渭滨，然后磻溪，苟惬神心，曲渚则可，磻溪之名，斯无嫌矣。清水又东迳故石梁下，梁跨水上，桥石崩褫④，余基尚存。清水又东与仓水合，水出西北方山，山西仓谷，谷有仓玉、珉石，故名焉。其水东南流，潜行地下，又东南复出，俗谓之雹水，东南历坶野。自朝歌以南，南暨清水，土地平衍，据皋跨泽⑤，悉坶野矣。《郡国志》曰：朝歌县南有牧野。《竹书纪年》曰：周武王率西夷诸侯伐殷，败之于坶野。《诗》所谓坶野洋洋，檀车煌煌者也⑥。有殷大夫比干冢，前有石铭，题隶云：殷大夫比干之墓。所记惟此，今已中折，不知谁所誌也。太和中，高祖孝文皇帝南巡，亲幸其坟，而加吊焉。刊石树碑，列于墓隧矣。雹水又东南入于清水。清水又东南迳合城南，故三会亭也，以淇、清合河，故受名焉。清水又屈而南迳凤皇台东北南注之也。

注释

①磻（pán）溪：水名。一名璜河。在今陕西宝鸡市东南。源出南山

兹谷，北流入渭水。相传吕尚（姜太公）垂钓于此而遇周文王。

②廷掾（yuàn）：县令的属吏。功曹：官名。汉代郡守有功曹史，简称功曹，除掌人事外，得以参预一郡的政务。北齐后称功曹参军。

③翘（qiáo）楚：比喻杰出的人才或事物。

④崩褫（chǐ）：败坏，塌毁。

⑤据皋跨泽：这个领域有大片的沼泽地带。

⑥坶野洋洋，檀车煌煌：出自《诗经·大雅·大明》。广阔的牧野是战场，檀木兵车亮堂堂的。

译文

汲县是旧时汲郡的治所，晋太康年间设置。城西北有石夹水，水深流急，人们也称为磻溪，说太公曾在这里垂钓过。城中东门北侧，有太公庙，庙前有碑，碑文上说：太公望是河内汲县人。县人前会稽太守杜宣告诉县令崔瑗说：太公本来生于汲，故居现在还保留着。您和高氏、国氏都是太公的后代，《经》《传》中都有记载，现在您来到这里，应当摆正太公位置，以宏扬尊祖的传统。于是国老王喜、廷椽郑笃、功曹邠勤等都说：确实理当如此。就立坛建祠，安置神位。城北三十里有太公泉，泉上又有太公庙，庙旁高耸的丛林，秀丽的树木，郁郁葱葱非常茂盛，据当地相传，这里就是太公的故居。晋太康年间，范阳卢无忌在汲县当县令，曾在那里立碑。太公为避纣王乱国，隐于市上从事屠宰，躲到水边去钓鱼，何必非要渭水之滨，然后又是磻溪呢？只要能有舒畅高远的情怀，一弯曲水也就够了。磻溪是指这里，那是无可置疑的了。清水又往东从一座老石桥下流过。石桥原来横跨于水面上，后来桥石崩塌，只留下一个遗址了。清水又东流，与仓水汇合。仓水发源于西北的方山，山的西边有仓谷，山谷里有仓玉、珉石，因而得名。水往东南流，潜入地下，又往东南重新冒出，俗称雹水，往东南流过坶野。从朝歌以南，南到清水，地势平坦，包括大片的水田和沼泽，全都是坶野地区。《郡国志》说：朝歌以南有牧野。《竹书纪年》说：周武王率领西方夷族诸侯讨伐殷，在坶野打败了他。《诗经》里说：坶野宽广坦荡，檀木车呀多堂皇！那里有殷朝大夫比干墓，坟前刻石用隶书题着：殷大夫比干之墓。所载就只有这么几个字，也不知是谁立的，现在碑也断了。太和年间，高祖孝文皇帝到南方巡察，亲临比干墓，举行祭扫，并刻石立碑，放置在墓道上。雹水又往东南注入清水。清水又往东南流经合城南面，这就是旧时的三会亭，因为淇水、清水在这里与河水汇合，所以得名。清水又转弯往南流过凤皇台东北，往南流去。

沁 水

“南过谷远县东，又南过隋氏县东”条

原文

谷远县①，王莽之谷近也。沁水又南迳陭氏县故城东②，刘聪以詹事鲁繇为冀州③，治此也。沁水又南历隋氏关，又南与骉骉水合④，水出东北巨峻山，乘高泻浪，触石流响⑤，世人因声以纳称。西南流注于沁。沁水又南与秦川水合，水出巨峻山东，带引众溪，积以成川。又西南迳端氏县故城东。昔韩、赵、魏分晋，迁晋君于端氏县，即此是也。其水南流，人于沁水。

注释

①谷远县：县名。《水经注疏》：“会贞按：汉县属上党郡，后汉、魏因，晋废。《地形志》，义宁郡治孤远城，即谷远故城也。《寰宇记》谓故城在沁源县南一百五十步，恐误。宋沁源即今县治，据《汾水注》，涧水出谷远西山，涧水在今沁源西南六七十里，疑谷远亦在沁源南数十里。”

②陭（yì）氏县：古县名。西汉置，治所在今山西安泽东南。西晋废。十六国汉刘聪复置，曾为冀州治所。北魏废。

③刘聪：字玄明，十六国时期汉国国君。刘渊的第四个儿子。《晋书》有传。詹事：官名。即给事，执事。鲁繇：《水经注疏》：“会贞按：《晋书·刘聪载记》，刘粲送南阳王模长史鲁繇于平阳，即此人。”

④骉（biāo）骉水：古水名。

⑤触石流响：浪涛冲撞到石头上发出巨响。

译文

谷远县就是王莽的谷近。沁水又往南流经陭氏县老城东边。刘聪任命詹事鲁繇为冀州太守，治所就在这里。沁水又往南流过陭氏关，又往南与骉水汇合。这条水发源于东北的巨峻山，从高处滚滚地奔泻而下，冲着岩石发出轰响，人们就是以水声取名的。水往西南流，注入沁水。沁水又南流，与秦川水汇合，秦川水发源于巨峻山东麓，带引了许多山溪，积聚成一条川流。又往西南流经端氏县旧城东边。从前韩、赵、魏分割了晋国，把晋国的国君贬迁到端氏县就是此县。水往南流，注入沁水。

“又南过阳阿县东”条

原文

沁水南迳阳阿县故城西，《魏土地记》曰：建兴郡治阳阿县。郡西四十里有沁水南流。沁水又南与濩泽水合；水出濩泽城西白涧岭下，东迳濩泽[①]。《墨子》曰：舜渔濩泽。应劭曰：泽在县西北。又东迳濩泽县故城南，盖以泽氏县也。《竹书纪年》：梁惠成王十九年，晋取玄武、濩泽者也。其水际城东注，又东合清渊水，水出其县北，东南迳、濩泽城东，又南入于泽水。泽水又东得阳泉水口，水出鹿台山[②]。山上有水，渊而不流，其水东迳阳陵城南，即阳阿县之故城也。汉高帝七年，封卞䜣为侯国。水历嶕峣山东[③]，下与黑岭水合，水出西北黑岭下，即开瞪也。其水东南流迳北乡亭下，又东南迳阳陵城东，南注阳泉水。阳泉水又南注濩泽水。泽水又东南，有上涧水注之，水导源西北辅山，东迳铜于崖南，历析城山北，山在濩泽南，《禹贡》所谓砥柱、析城，至于王屋也。山甚高峻，上平坦，下有二泉，东浊西清，左右不生草木，数十步外多细竹。其水自山阴东入濩泽水。濩泽水又东南注于沁水。沁水又东南，阳阿水左人焉，水北出阳阿川，南流迳建兴郡西，又东南流迳午壁亭东，而南人山。其水沿波漱石，湔涧八丈[4]，环涛毂转[5]，西南流人于沁水。沁水又南五十余里，沿流上下，步径裁通，小竹细笋，被于山渚，蒙笼茂密，奇为翳荟也[6]。

注释

①濩（huò）泽：濩泽在阳城县西北十二里。即今天山西省晋城市的阳城县，秦代时设濩泽县。

②鹿台山：山名。现位于沁水县西南张村乡境内，海拔1463米。岩峰耸峙在众山拱绕之中，山势峥嵘，气势磅礴，迤逦东南，叠嶂起伏，气贯长虹。背有杏谷朝霞，阳为芦苇深丛。

③渊：深水潭，嶕峣（jiāo yáo）山：古代的山名，《寰宇记》中记载“山在阳城县西三十里。宋县即今县治。”

④湔（bēn）：古通“奔”，“颓波～注，冲击横山。”

⑤环涛毂转：回旋的波涛，像车轮飞转。

⑥翳荟（yì huì）：草木茂盛，可为障蔽。

译文

沁水往南流经阳阿县老城西边。《魏土地记》说：建兴郡在阳阿县。郡治西边四十里有沁水往南流。沁水又南流，与濩泽水汇合。濩泽水发源于濩泽城西的白涧岭下，往东流经濩泽。《墨子》说：舜在濩泽捕鱼。应劭说：濩泽在县城西北。又东流经濩泽县老城南面，县名就是因濩泽而来的。《竹书纪年》：梁惠成王十九年，晋夺取玄武和濩泽。水傍城边往东奔流，又东流与清渊水汇合。清渊水发源于县北，往东南流经濩泽城东面，又往南流入泽水。濩泽水又东流，在阳泉口接纳了阳泉水。阳泉水出自鹿台山。山上有泉水，渊深而不流动。水往东流经阳陵城南，也就是阳阿县的老城。汉高帝七年，把这地方封给卞䜣，立为侯国。水流过嶕峣山东边，在山下与黑岭水汇合。黑岭水发源于西北的黑岭脚下，就是开瞪。水往东南流经北乡亭下，又往东南流经阳陵城东面，往南注入阳泉水。阳泉水又南流，注入濩泽水。泽水又经东南流，有上涧水注入。上涧水发源于西北的辅山，东经铜于崖南边，流过析城山北边。析城山在濩泽南边，《禹贡》所谓砥柱、析城，直到王屋，就是指这座山。山极高峻，地面平坦，山下有两道泉水，东边那条混浊，西边那条澄清，两岸草木不长，只在数十步外面才有许多细竹。水从山北往东注入濩泽水，濩泽水又往东南注入沁水。沁水又往东南流，阳阿水从东边注入。阳阿水发源于北方的阳阿川，往南流经建兴郡西边，又往东南流经午壁亭东面，然后往南流入山中。滚滚的水波冲着山石，沿着高达八丈的深涧发出轰隆隆的巨响，掀起卷着漩涡的怒涛，往西南流奔，注入沁水。沁水又往南流了五十余里，沿着水流上下一带，只有一条小径相通；山间水滨，翁翁郁郁的全是一行小竹细笋，长得非常茂密，绿荫沉沉，景色清奇。

淇 水

"淇水出河内隆虑县西大号山"条

原文

《山海经》曰：淇水出沮洳山。水出山侧，颓波漰注[①]，冲激横山。山上合下开，可减六七十步，巨石磥砢[②]，交积隍涧[③]，倾澜漭荡[④]，势同雷转，激水散氛，暧若雾合。又东北，沾水注之，水出壶关县东沾台下，石壁崇高，昂藏隐天，泉流发于西北隅，与金谷水合，金谷即沾台之西溪也。东北会沾水，又东流注淇水，淇水又迳南罗川，又历三罗城北，东北与女台水合，水发西北三女台下，东北流注于淇。淇水又东北历淇阳川，迳石城西北，城在原上，带涧枕淇。淇水又东北，西流水注之，水出东大岭下，西流迳石楼南，在北陵，石上练垂桀立，亭亭极峻。其水，西流水也。又东迳冯都垒南，世谓之淇阳城，在西北三十里。淇水又东出山，分为二水，水会立石堰，遏水以沃白沟。左为菀水，右则淇水，自元甫城东南迳朝歌县北。《竹书纪年》，晋定公十八年，淇绝于旧卫，即此也。淇水又东右合泉源水，水有二源，一水出朝歌城西北，东南流。又东与左水合，谓之马沟水，水出朝歌城北，东流南屈，迳其城东。又东流与美沟合，水出朝歌西北大岭下，东流迳骆驼谷，于中逶迤九十曲，故俗有美沟之目矣[⑤]。历十二崿[⑥]，崿流相承，泉响不断，返水捍注，捲复深隍，隍间积石千通，水穴万变，观者若思不周赏，情乏图状矣。

注释

①颓（tuí）波：向下流的水势。

②磥砢（lěi luǒ）：磥，古同“垒”，堆砌。砢，众多。

③交积隍涧：交积，积聚，交集。隍，没有水的城壕。

④漭荡：亦作“漭盪”。广大无际貌。

⑤逶迤（wēi yí）：蜿蜒曲折，拐来拐去。

⑥崿（è）：山崖险峻。

译文

《山海经》说：淇水发源于沮洳山。水从山边流出，轰隆隆地奔泻直下，冲激着横山。这座山峰顶合拢，山下却分开，大约不到六七十步，深涧里错杂地堆满巨石，洪涛骇浪，猛冲过来，犹如雷电似的迅猛，激得水花飞迸，飘散成一片水雾。又往东北流，沾水注入。沾水发源于壶关县东边的沾台下，高耸的石壁，遮蔽了天空，泉流就发源于西北角，汇合了金谷水，就是沾台的西溪，往东北流，汇合于沾水，又东流注入淇水。淇水又流经南罗川水，又流过三罗城北面，往东北与女台水汇合。女台水发源于西北方的三女台下，往东北流，注入淇水。淇水又往东北流过淇阳川，流经石城西北。城在平原上，旁边有涧水流过，同时也靠近淇水。淇水又往东北流，西流水注入，西流水发源于东大岭脚下，往西流经石楼南面，在北陵的岩石上直垂下来，有如从极高处挂下的白练。这条水就是西流水。又往东流经冯都垒南边，人们称为淇阳城，在西北三十里。淇水又东流出山，分为两条，在两水相会处建了一道石堰，拦水引入白沟。左边是菀水，右边是淇水。淇水从元甫城往东南流经朝歌县北面。《竹书纪年》，晋定公十八年，淇水在旧时的卫断流，就指这地方。淇水又东流，右边汇合了泉源水。泉源水有两个源头，一条出自朝歌城西北，往东南流。水又东流，与左水汇合，称为马沟水。马沟水从朝歌城北流出，往东流，往南转弯，从城东流过。又东流与美沟汇合。美沟发源于朝歌西北的大岭脚下，东流穿过骆驼谷，在谷中曲曲折折地转了九十弯，所以民间有美沟的名目。沟水流经十二座崖，这些山崖间的泉流一处接着一处流下，淙淙的水声响个不停，与奔腾的水浪相激，回流又倒卷到深涧里。涧中堆积着成千上万的岩石，岩穴间水波激荡，变幻无穷，游人真会觉得目不暇接，无法描摹那奇幻的景象了。

原文

其水东迳朝歌城北，又东南流注马沟水，又东南注淇水，为肥泉也。故卫诗曰：我思肥泉，兹之永叹①。毛《注》云：同出异归为肥泉。《尔雅》曰：归异出同曰肥。《释名》曰：本同出时，所浸润水少，所归枝散而多，似肥者也。犍为舍人曰：水异出流行，合同曰肥。今是水异出同归矣。《博物志》谓之澳水。《诗》云：瞻彼淇、澳，菉竹猗猗②。毛云：菉，王刍也；竹，编竹也。汉武帝塞决河，斩淇园之竹木以为用。寇恂为河内③，伐竹淇川，治矢百余万，以输军资。今通望淇川，无复此物。惟王刍编草不异。毛兴又言：澳，隈也。郑亦不以为津源，而张司空专以为水流人于淇，非所究也。然斯水即《诗》所谓泉源之水也。故卫诗云：泉源在左，淇水在右，卫女思归。指以为喻淇水左右，盖举水所人为左右也。淇水又南历枋堰，旧淇水口，东流迳黎阳县界，南入河。《地理志》曰：淇水出共，东至黎阳入河。《沟洫志》曰：遮害亭西十八里至淇水口是也。汉建安九年，魏武王于水口下大枋木以成堰，遏淇水东入白沟以通漕运，故时人号其处为枋头。是以卢谌《征艰赋》曰：后背洪枋巨堰，深渠高堤者也。自后遂废。魏熙平中复通之，故渠历枋城北，东出今渎，破故竭。其堰，悉铁柱木石参用，其故渎南迳枋城西，又南分为二水，一水南注清水，水流上下更相通注，河清水盛，北入故渠自此始矣。一水东流，迳枋城南，东与菀口合。菀水上承淇水于元甫城西北，自石堰东、菀城西，屈迳其城南，又东南流历土军东北，得旧石逗，故五水分流，世号五穴口。今惟通并为二水，一水西注淇水，谓之天井沟；一水迳土军东分为蓼沟，东人白祀陂。

注释

①肥泉：古水名。又名 泉源水 。在今 河南省 淇县 境，东南流入卫河 。

②菉竹：荩草的别名。

③汉武帝：（前156－前87）即“刘彻”。西汉皇帝。汉景帝子。公元前140年继位。在位期间颁行“推恩令”，进一步削弱诸侯王国势力。又设置十三部刺史以加强中央对地方的控制。曾接受董仲舒建议，“罢黜百家，独尊儒术”。派张骞两次出使西域，开辟“丝绸之路”。曾命卫青、霍去病率军进击匈奴，获大胜。

译文

淇水往东流经朝歌城北边，又往东南流，注入马沟水，马沟水又往东南注入淇水，就是肥泉。所以《卫诗》说：我怀想着那肥泉，徒然发出长叹。毛亨《注》说：同出一个源头却流往不同的地方叫肥泉。《尔雅》说：流向相异而发源相同叫肥《释名》说：起初一同流出时，水还很少，但流向不同去处的支流却分散而多，就像肥起来似的。犍为舍人说：水的发源不同，奔流汇合在一起叫肥。现在这条水就是发源相异而汇合为一水的。《博物志》称为澳水。《诗经》说：眺望着淇水的小湾，那菉竹是多么婀娜秀美！毛亨说：菉就是草草，竹就是编竹。汉武帝砍了淇园的竹木来堵塞河水的决口。寇恂在河内做太守，在淇川砍竹，造了百余万支箭，以供应军用物资。现在找遍了淇川，却不再有这些东西了，只有草草和编竹与毛亨所注无异。毛亨又说：澳就是水湾的意思。郑玄也不认为是水流的源头，而张司空却独以为是注入淇水的水名，不知是否如此。然而这条水也就是《诗经》中所说的泉源之水。所以《卫诗》说：泉源在左边，淇水在右边。卫国的女子想回娘家，借水来表达自己的心情。说淇水的左右，是按水所注入的位置来定左右方向的。淇水又往南流过枋堰，就是旧淇水口；东流经黎阳县境，往南注入河水。《地理志》说：淇水发源于共县，东流到黎阳入河。《沟洫志》说：从遮害亭西流十八里到淇水口，汉朝建安九年，魏武王在水口放下大枋木筑成堰坝，拦截淇水往东流入白沟，以便通航运粮，所以当时人们把那地方称为枋头。所以卢湛《征艰赋》说：后面靠着大枋巨堰，深渠高堤。以后废毁了。到了魏熙平年间才重新使它通水。旧渠道通过枋城北面，往东流出，今天渠道中已拆去旧坝，改筑新堰全用铁柱打下，也夹着使用木石。旧渠往南流经杭城西面，又南流分为两条水，一条南流注入清水，水流向下向上都可流通，河清水大时，就从这里开始往北倒灌入旧渠。一条往东流经枋城南边，往东汇合于莞口。菀水上流在元甫城西北承接淇水，从石堰东边，菀城西边，转弯流过城南，又往东南流过土军东北，有石头砌的旧水沟。从前有五条水分流，世人称为五穴口，现已合并，只有两条了，一条往西注入淇水，叫天井沟，一条流经土军以东，分出蓼沟，东流注入白祀陂。

原文

又南分东入同山陂，溉田七十余顷①。二陂所结，即台阴野矣。菀水东南人淇水。淇水右合宿胥故渎②，渎受河于顿丘县遮害亭东、黎山西，北会淇水处立石堰，遏水令更东北注。魏武开白沟，因宿胥故渎而加其功也。故苏代曰：决宿胥之口，魏无虚、顿丘。即指是渎也。淇水又东北流，谓之白沟，迳雍榆城南。淇水又北迳其城东，东北迳同山东，又东北迳帝喾冢西③，世谓之顿丘台，非也。《皇览》曰：帝喾冢在东郡濮阳顿丘城南，台阴野中者也。又北迳白祀山东，历广阳里，迳颛顼冢西，俗谓之殷王陵，非也。《帝王世纪》曰：颛顼葬东郡顿丘城南，广阳里大冢者是也。淇水又北屈而西转，迳顿丘北，故阚骃云：顿丘在淇水南。《尔雅》曰：山一成谓之顿丘。《释名》谓一顿而成丘，无高下小大之杀也。《诗》所谓送子涉淇，至于顿丘者也。魏徙九原、西河、土军诸胡，置土军于丘侧，故其名亦曰土军也。又屈迳顿丘县故城西，《古文尚书》以为观地矣。盖太康弟五君之号曰五观者也。《竹书纪年》：晋定公三十一年城顿丘。《皇览》曰：顿丘者，城门名顿丘道，世谓之殷。皆非也。盖因丘而为名，故曰顿丘矣。淇水东北迳枉人山东、牵城西。《春秋左传·定公十四年》，公会齐侯、卫侯于牵者也。杜预曰：黎阳东北有牵城。即此城矣。淇水又东北迳石柱冈，东北注矣。

注释

①溉田：谓灌溉而种田。

②宿胥：古水名。在河南浚县西。

③帝喾冢：冢，坟墓。帝喾冢在东郡濮阳顿丘城南台阴野中。

译文

又向南分支，东流注入同山陂，灌溉着七十余顷的田亩。这两片陂塘相接处，就是台阴野。菀水往东南流入淇水。淇水右岸汇合了宿、胥旧渠，旧渠在黎山西北顿丘县遮害亭东边，接纳了河水。在与淇水的汇合处，筑了一道石堰拦截渠水，使渠水转向东北流。魏武帝开凿白沟，就是循着宿胥旧渠加工开成的。所以苏代说：在宿胥决个口，魏的虚和顿丘就完蛋了。指的就是此渠。淇水又往东北流，称为白沟，流经雍榆城南面。淇水又往北流经城东，往东北流经同山东边，又往东北流经帝喾墓西边，世人称为顿丘台，其实不是。《皇览》说：帝喾墓在东郡濮阳顿丘城南的台阴野。又往北流经白祀山东边，流过广阳里，流经颛顼墓西边，俗称殷王陵，也不是。《帝王世纪》说：颛顼葬于东郡顿丘城南面，广阳里的大墓就是。淇水又向北弯，向西转，流经顿丘北边。所以阚骃说：顿丘在淇水以南。《尔雅》说：山只有一层的叫顿丘。《释名》说：一重就成为丘，上下没有大小的差别。《诗经》里说的：送你涉河过淇水，送到那顿丘的水边。魏把九原、西河、土军各地的胡人迁移出去，把土军胡人安置在顿丘旁边，所以地名也叫土军。又转弯流经顿丘县旧城西边，《古文尚书》以为这就是观的地方，因为太康的弟弟名为五观。《竹书纪年》：晋定公三十一年，在顿丘筑城。《皇览》说：叫顿丘的来由，是因为城门名为顿丘道，世人又把它称为殷。这都不对。顿丘是因小丘而取名的，所以叫顿丘。淇水往东北流经枉人山以东、牵城以西。《春秋左传·定公十四年》，定公在牵会见齐侯、卫侯。杜预说：黎阳东北有牵城。就是此城。淇水又往东北流经石柱冈，往东北流去。

荡 水

“又东北至内黄县，入于黄泽”条

原文

羑水出荡阴西北韩大牛泉。《地理志》曰：县之西山，羑水所出也。羑水又东迳韩附壁北，又东流迳羑城北，故羑里也①。《史记音义》曰：牖里在荡阴县。《广雅》：牖，狱犴也②。夏曰夏台，殷曰羑里，周曰囹圄，皆圜土③。昔殷纣纳崇侯虎之言，囚西伯于此。散宜生、南宫括见文王，乃演《易》用明否泰始终之义焉④。羑城北，水积成渊，方十余步，深一丈余，东至内黄与防水会，水出西山马头涧，东迳防城北，卢谌《征艰赋》所为越防者也。其水东南流注于羑水，又东历黄泽人荡水。《地理志》曰：羑水至内黄入荡者也。荡水又东与长沙沟水合，其水导源黑山北谷⑤，东流迳晋鄙故垒北，谓之晋鄙城，名之为魏将城，昔魏公子无忌矫夺晋鄙军于是处⑥。故班叔皮《游居赋》曰：过荡阴而吊晋鄙，责公子之不臣者也⑦。其水又东，谓之宜师沟，又东迳荡阴县南，又东迳枉人山，东北至内黄县，右人荡水，亦谓之黄雀沟。是水，秋夏则泛，春冬则耗。荡水又迳内黄城南，陈留有外黄，故称内也。东注白沟。

注释

①羑（yǒu）里：古地名，又称羑都，在今河南省安阳市汤阴县北4.5公里的羑里城遗址。羑水经城北东流。

②狱犴（yù àn）：牢狱。

③囹圄：监狱。圜（yuán）土：牢狱。

④否泰：《易》的两个卦名。天地交，万物通谓之“泰”；不交闭塞谓之“否”。后常以指世事的盛衰，命运的顺逆。

⑤导源：发源，起源，此处指引水出流。

⑥矫夺：谓假托君命以夺取。

⑦不臣：不守臣节，不合臣道。

译文

羑水发源于荡阴西北的韩大牛泉。《地理志》说：内黄县的西山，是羑水的发源地。羑水又往东流经韩附壁北面，又往东流经羑城北面，这就是旧时的羑里。《史记音义》说：牖里在荡阴县。《广雅》中：牖，就是牢狱。夏叫夏台，殷叫羑里，周叫囹圄，都是监狱。从前殷纣听了崇侯虎的话，把西伯拘禁在这里。散宜生、南宫括去见文王，文王于是发展了《易经》，借以卜知吉凶始终的道理。羑城北面，水流积聚成潭，方圆十余步，深一丈，东流到内黄，与防水汇合。防水发源于西山的马头涧，往东流经防城北面，卢谌《征艰赋》所说的越过了防，就是防城。水往东南流，注入羑水，又往东流过黄泽，注入荡水。《地理志》说：羑水到内黄注入荡水。荡水又东流，与长沙沟水汇合。长沙沟水发源于黑山的北谷，往东流经晋鄙老城堡北面，称为晋鄙城，又叫魏将城。从前魏公子无忌，就在这里虚托王命夺取了晋鄙的军权，所以班叔皮《游居赋》说：途经荡阴而凭吊晋鄙，责难公子有失臣节。水又往东流，称为宜师沟。又往东流过荡阴县南面；又往东流过枉人山，往东北流到内黄县，向右边注入荡水，又叫黄雀沟。这条水到了夏秋二季就会泛滥，春冬时又干涸。荡水又往东流经内黄城南面，陈留有外黄，所以这里称内黄。往东注入白沟。

洹 水

“又东北出山，过邺县南”条

原文

洹水出山，东迳殷墟北[①]。《竹书纪年》曰：盘庚即位，自奄迁于北蒙，曰殷。昔者，项羽与章邯盟于此地矣。洹水又东，枝津出焉，东北流迳邺城南，谓之新河。又东，分为二水，一水北迳东明观下。昔慕容儁梦石虎啮其臂，寤而恶之，购求其尸，而莫之知。后宫嬖妾言，虎葬东明观下，于是掘焉，下度三泉[②]，得其棺，剖棺出尸，尸僵不腐，儁骂之曰：死胡，安敢梦生天子也。使御史中尉阳约数其罪而鞭之。此盖虎始葬处也。又北迳建春门，石梁不高大，治石工密，旧桥首夹建两石柱，螭矩趺勒甚佳[③]。乘舆南幸，以其作制华妙，致之于平城，东侧西阙，北对射堂，绿水平潭，碧林侧浦，可游憩矣。其水其西迳魏武玄武故苑，苑旧有玄武池以肄舟楫[④]，有鱼梁、钓台、竹木、灌丛，今池林绝灭，略无遗迹矣。其水西流注于漳。南水东北迳女亭城北，又东北迳高陵城南，东合坰沟，又东迳鸬鹚陂，北与台陂水合。陂东西三十里，南北注白沟河，沟上承洹水，北绝新河，北迳高陵城东，又北迳斥丘县故城西，县南角有斥丘，盖因丘以氏县，故乾侯矣。《春秋经》书，昭公二十八年，公如晋，次于乾侯也。汉高帝六年，封唐厉为侯国[⑤]，王莽之利丘矣。又屈迳其城北，东北流注于白沟，洹水自邺东迳安阳县故城北，徐广《晋纪》曰：石遵自李城北人，斩张豺于安阳是也。《魏土地记》曰：邺城南四十里有安阳城，城北有洹水东流者也。洹水又东至长乐县，左则枝沟出焉。洹水又东迳长乐县故城南，按《晋书·地理志》曰：魏郡有长乐县也。

注释

①殷墟：指商代后期都城遗址。在今河南安阳小屯村及其周围。商代从盘庚到帝辛（纣），在此建都达二百七十三年，是中国历史上可以肯定确切位置的最早的都城。1899年在此发现占卜用的甲骨刻辞。从1928年考古发掘至今，先后发现宫殿、作坊、陵墓等遗迹，及大量生产工具、生活用具、礼乐器和甲骨等遗物，总面积24平方公里以上。

②三泉：即地下深处，多指人死后的葬处。即地下深处。多指人死后的葬处。《史记·秦始皇本纪》："穿三泉，下铜而致椁。"晋张华《章怀皇后诔》："杳杳新，下绝三泉。"

③螭（chī）：古代传说中一种没有角的龙。古建筑或器物、工艺品上常雕螭龙为装饰。

④肄（yì）舟楫：演练行船。肄，学习，练习。

⑤侯（hòu）国：侯爵的封地。《十七史商榷·汉书九·侯王相有别》："诸郡国下所属县，有注侯国者，即所谓王子侯、恩泽侯等侯国也。"

译文

又往东北出山，流过邺县南边，洹水出山后，往东流经殷墟北面，《竹书纪年》说：盘庚即位，从奄迁都到北蒙，国号叫殷。从前项羽与章邯就是在这里会盟的。洹水又东流，分出一条支流，往东北流经邺城南面，称为新河。又东流，分成两条，一条往北流过东明观下。从前慕容儁梦见石虎咬他的臂膊，醒后很恼恨，出赏榜购求石虎的尸体，但人们都不知道。后宫有个宠妾说，石虎葬于东明观下，于是掘地直到深处，找到了他的棺材，开棺拖出尸体，已经成为僵尸，没有腐烂，慕容儁骂道：这死胡，你怎么敢托梦给在生的天子。他叫御史中尉阳约列举他的罪状，举鞭痛打。这里就是石虎初葬的地方。又往北流经建春门石桥下。桥并不高大，但石工却十分细致，老桥头两边竖了两根石柱，柱上的盘龙和柱座都雕得很精美。皇帝南巡时，看到石柱制作华丽精妙，就把它移到平城，石桥东边，就是西城楼，朝北面对射堂，这里有绿水平潭，水滨长着一片青葱的林木，是个游憩的好地方。新河水往西流过旧时魏武帝的玄武苑，苑内从前有玄武池，可以学习划船，有鱼梁、钓台、竹木、灌丛，现在水池和丛林都已埋灭，不留一点痕迹了。水往西流，注入漳水。南边那一条水往东北流过女亭城北面，又往东北流过高陵城南面，往东与坰沟汇合，又往东流经鸬鹚陂，往北与台陂水汇合。陂塘东西三十里注入白沟。坰沟上流承接洹水，往北横穿过新河，往北流经高陵城东面，又往北流经斥丘县老城西面。斥丘县南角有斥丘，是以丘名来取县名的，就是旧时的乾侯。《春秋经》载：昭公二十八年，昭公到晋国去，在乾侯歇宿。汉高帝六年把这里封给唐厉，立为侯国，这就是王莽的利丘。又转弯流过城北，往东北流，注入白沟。洹水从邺往东流经安阳县老城北面。徐广《晋纪》说：石遵从李城向北方进军，在安阳杀了张豺。《魏土地记》说：邺城以南四十里，有安阳城，城北有洹水东流。洹水又往东流到长乐县，左边分出一条支沟。洹水又往东流过长乐县老城南面，按《晋书地理志》说：魏郡有长乐县。

易 水

“东过范阳县南，又东过容城县南”条

原文

易水迳范阳县故城南。秦末，张耳、陈馀为陈胜略地①，燕、赵命蒯通说之，范阳先下是也。汉景帝中二年，封匈奴降王代为侯国，王莽之顺阴也。昔慕容垂之为范阳也，戌之即斯。意欲图还上京，阻于行旅，造次不获②，遂中。易水又东与濡水合，水出故安县西北穷独山南谷，东流与源泉水合，水发北溪，东南流注濡水。濡水又东南迳樊於期馆西，是其授首于荆轲处也③。濡水又东南流迳荆轲馆北，昔燕丹纳田生之言，尊轲上卿，馆之于此。二馆之城，涧曲泉清，山高林茂，风烟披薄，触可栖情④，方外之士⑤，尚凭依旧居，取畅林木。濡水又东迳武阳城西北旧堨濡水，枝流南入城，迳柏冢西，冢垣城侧，即水塘也。四周茔域深广⑥，有若城焉。其水侧有数陵，坟高壮，望若青丘，询之古老，访之史籍，并无文证，以私情求之，当是燕都之前故坟也。或言燕之坟茔，斯不然矣。其水之故渎南出，屈而东转，又分为二渎。一水迳故安城西，侧城南注易水，夹塘崇峻⑦，邃岸高深。左右百步，有二钓台，参差交峙，迢递相望，更为佳观矣。

注释

①略地：占领土地，侵占土地。毛泽东《和英国记者贝特兰的谈话》：“日本 帝国主义的攻城、略地、奸淫、抢劫，焚烧和屠杀，把亡国危险最后地加在 中国 人身上。”

②造次：仓促，匆忙。《论语·里仁》："君子无终食之间违仁，造次必於是，颠沛必於是。"

③授首：指投降或被杀。秦楚合而为一，以临 韩，韩必授首。《战国策·秦策四》。

④披薄：犹弥漫。栖情：亦作"栖情"，寄托情志。

⑤方外：世俗之外，旧时指神仙居住的地方。

⑥茔域：墓地。《周书·孝义传·荆可》："然 可 家旧墓，茔域极大。"

⑦夹塘崇峻：陂塘两岸堤坝高峻陡峭。

译文

易水流经范阳县旧城南边，秦朝末年，张耳、陈馀替陈胜攻占燕、赵的土地，派蒯通去游说，首先攻下范阳。汉景帝中元二年，把范阳封给降于汉的匈奴王代，立为侯国，就是王莽时的顺阴。从前慕容垂逃奔到范阳，设兵驻守，就是这地方。他本来打算到上京去，因行军途中受阻，仓促间未能如愿。易水又东流，与濡水汇合。濡水发源于故安县西北穷独山的南谷，东流与源泉水汇合，源泉水发源于北溪，往东南流注入濡水。濡水又往东南流经樊於期馆西边，就是樊於期自刎，把头交给荆轲的地方。濡水又往东南流经荆轲馆北边，昔日燕丹采纳田生的建议，尊封荆轲为上卿，在此处修建馆舍安置他。两座馆舍所在的小城，溪涧曲折，泉水澄清，山高林茂，烟雾缭绕，眺望这景色，真令人心旷神怡；出家的僧道，还栖身于旧地，在山林清静的生活中自得其乐。濡水又往东流经武阳城西北。从前曾拦河筑坝，引出支流往南流入城中，流经柏家西边。墓园的围墙在城旁，有个水塘。四周是森严庞大的墓地，有如城邑。水旁有几座陵墓，高大壮观，望去好像青色的山丘。询问老人，查阅史籍，却都没有文字记载。但按情理推想起来，应当是燕都以前的旧坟。有人说是燕的坟地，想来大概不是。濡水旧道往南流出，转向东边分为两条。一条流经故安城西，傍着城墙往南流入易水。两边堤高岸深，左右相隔百步，有两座钓台参差对峙，遥遥相望，风景更为秀丽。

原文

其一水东出注金台陂，陂东西六七里，南北五里，侧陂西北有钓台高丈余，方可四十步，陂北十余步有金台，台上东西八十许步，南北如减。北有小金台，台北有兰马台，并悉高数丈，秀峙相对，翼台左右，水流径通，长庑广宇①，周旋被浦，栋堵咸沦②，柱础尚存，是其基构，可得而寻访。诸耆旧咸言③，昭王礼宾，广延方士，至如郭隗、乐毅之徒，邹衍、剧辛之俦，宦游历说之民，自远而届者多矣。不欲令诸侯之客，伺隙燕邦④，故修连下都，馆之南垂，言燕昭创之于前，子丹踵之于后，故雕墙败馆，尚传镌刻之石⑤，虽无经记可凭，察其古迹，似符宿传矣⑥。濡水自堰又东迳紫池堡西，屈而北流，又有浑塘沟水注之，水出遒县西白马山南溪中，东南流入濡水。濡水又东至塞口，古累石堰水处也。濡水旧枝分南入城东大陂，陂方四里，今无水。陂内有泉，渊而不流，际池北侧，俗谓圣女泉。濡水又东得白杨水口，水出遒县西山白杨岭下，东南流人濡水，时人谓之虎眼泉也。濡水东合檀山水，水出遒县西北檀山西南，南流与石泉水会，水出石泉固东南隅，水广二十许步，深三丈。固在众山之内，平川之中，四周绝涧阻水，八丈有余。石高五丈，石上赤土⑦，又高一匹，壁立直上，广四十五步，水之不周者，路不容轨，仅通人马，谓之石泉固⑧。固上宿有白杨寺，是白杨山神也。寺侧林木交荫，丛柯隐景。沙门释法澄建刹于其上，更为思玄之胜处也。其水南流注于檀水，故俗有并沟之称焉。其水又东南流，历故安县北而南注濡水。濡水又东南流，于容城县西北大利亭东南合易水而注巨马水也。故《地理志》曰：故安县阎乡，易水所出，至范阳入濡水。阚骃亦言是矣。又曰：濡水合渠。许慎曰：濡水入涞。涞、渠二号，即巨马之异名。然二易俱出一乡，同入濡水。南濡、北易至涿郡范阳县会北濡，又并乱流入涞。是则易水与诸水互摄通称，东迳容城县故城北，浑涛东注，至勃海平舒县与易水合。阚骃曰：涿郡西界代之易水。

注释

①陂（bēi）：池塘。长庑：堂下四周较长的廊屋。

②浦：（形声。从水，甫声。本义：水滨）江河与支流的汇合处。沦：沉没（mò），降落。

③耆旧：年高望重者。

④伺隙：窥测可乘之机。

⑤镌刻：亦作“鐫刻”，雕刻。孙犁《澹定集·乡里旧闻上》：“他们正在叮叮当当，在大石碑上，镌刻那些抗日烈士的不朽芳名。”

⑥宿传：往昔的传说。

⑦赤土：焙烧过的粘土。

⑧路不容轨：道路不宽马车无法通过。

译文

另一条往东流，注入金台陂，这片陂塘东西六七里，南北五里；陂塘西北有钓台，高一丈余，方圆大约四十步，陂塘北岸十余步有个金台，台上东西八十多步，南北稍狭。北边有个小金台，台北又有个兰马台，都有几丈高，相对并峙，十分秀丽。台左右两边水流相通，有长庑阔檐，盘回曲折地披覆在水岸上。屋宇墙壁都已倒塌了，但柱础还在，所以建筑的基址和结构还可以看得出来。访问老人，都说昭王以礼厚待宾客，广泛招聘四方人才，如郭隗、乐毅、邹衍、剧辛之流，还有那些求官觅职，游说于诸侯之间的人们，都纷纷远道而来。但昭王为防备诸侯的门客到燕国来刺探虚实，所以又修建了下都，把他们安顿在南部边境的馆舍里。老人们还说，昭王开创于前，他的儿子丹又续建于后，所以雕墙破馆之间，还留有镌刻过的残石，虽然没有经籍记载可相印证，但细察这里的古迹，似乎与历来相传的说法颇相符合。濡水从堰坝又往东流经紫池堡以西，转向北流，又有浑塘沟水注入。浑塘沟水发源于遒县西边白马山的南溪，往东南流注入濡水。濡水又往东流到塞口，是古时修筑石堰拦水的地方。濡水旧分支南流，注入城东大陂，陂塘方圆四里，现在已经无水了。陂塘内有泉水，水深不流，紧邻着水池的北边，俗称圣女泉。濡水又东流，在水口接纳了白杨水。白杨水发源于遒县西山的白杨岭下，往东南流入濡水，时人称为虎眼泉。濡水东流，与檀水汇合。

檀水发源于遒县西北、檀山西南，南流与石泉水汇合。石泉水发源于石泉固东南角，水宽二十来步，深三丈。石泉固坐落在群山深处的平川之间，四周有山涧阻隔，涧岸高八丈有余，底部岩石高五丈，岩上又有一层红土，高四丈，陡峭直上，有如墙壁。涧宽四十五步。水流不到的地方，路极狭窄，容不下一辆车子，只有单人独马可以通过，地名叫石泉固。石泉固上古来就有一座白杨寺，寺庙里供奉的是白杨山神。寺旁林木茂密，枝柯交错，连片的绿荫把阳光都遮住了。僧人法澄在上面修建了一座佛寺，就更成为修道的胜地了。水往南流，注入檀水，所以民间有并沟之称。水又往东南流经故安县北边，往南注入涞水；涞水又往东南流，在容城县西北、大利亭东南与易水汇合，注入巨马水。所以《地理志》说：故安县的阎乡，易水就发源在这里，到范阳注入濡水。阚骃也是这么说；又说：濡水与渠水汇合。许慎说：濡水注入沫水。沫水、渠水这两个称呼都是巨马水的别名。但两条易水都发源于一乡，一同注入濡水。现濡水北易水流到涿郡范阳县与北濡水汇合，又一起乱流注入涞水，于是北易水与诸水就都可相互通称了。北易水往东流经容城县老城北边，波涛滚滚地往东流，到勃海郡平舒县与易水汇合。阚骃说：涿郡西部与代郡以易水为分界。

原文

而是水出代郡广昌县东南郎山东北燕王仙台东。台有三峰，甚为崇峻，腾云冠峰，高霞翼岭，岫壑冲深①，含烟罩雾。耆旧言：燕昭王求仙处。其东谓之石虎冈，范晔《后汉书》云：中山简王焉之窆也②，厚其葬，采涿郡山石，以树坟茔，陵隧碑兽③，并出此山，有所遗二石虎，后人因以名冈。山之东麓，即泉源所导也。《经》所谓阎乡西山。其水东流，有埿水南会，浑波同注，俗谓之为雹河。司马彪《郡国志》曰：雹水出故安县，世祖令耿况击故安西山贼吴耐蠡，符雹上十余营，皆破之。即是水者也。易水又东迳孔山北，山下钟乳穴，穴出佳乳，采者篝火寻沙，人穴里许，渡一水，潜流通注，其深可涉。于中众穴奇分，令出入者疑迷不知所趣，每于疑路，必有历记，返者乃寻孔以自达矣。上又有大孔，豁达洞开，故以孔山为名也。其水又东迳西故安城南，即阎乡城也。历送荆陉北，耆旧云：燕丹饯荆轲于此，因而名焉，世代已远，非所详也[4]。遗名旧传，不容不诠，庶广后人传闻之听。易水又东流，屈迳长城西，又东流南迳武遂县南、新城县北。《史记》曰：赵将李牧伐燕，取武遂、方城是也。俗又谓是水为武隧津，津北对长城门，谓之汾门。《史记·赵世家》云：孝成王十九年，赵与燕易土，以龙兑、汾门与燕，燕以葛城、武阳与赵。即此也。亦曰汾水门，又谓之梁门矣。易水东分为梁门陂，易水又东，梁门陂水注之，水上承易水于梁门，东入长城，东北人陂。陂水北接范阳陂，陂在范阳城西十里，方十五里，俗亦谓之为盐台陂[5]。陂水南通梁门淀，方三里。淀水东南流，出长城注易，谓之范水。易水自下，有范水通目。又东迳范阳县故城南，即应劭所谓范水之阳也。

注释

①岫壑（xiù hè）：山谷。

②窆（biǎn）：古代用来牵引棺椁下墓穴的石头。

③陵隧：墓道。

④送荆陉：地名，以易水送荆轲刺秦而得名。

⑤盐台陂：陂泽名。

译文

这条易水是南易水，发源于代郡广昌县东南、郎山东北的燕王仙台东边。仙台有三座山峰，十分高峻，峰顶上飘着云霞，深谷中笼着烟雾，老人们说这是燕昭王求仙的地方。仙台的东面称石虎冈。范晔《后汉书》说：这里是中山简王焉墓穴的所在地，葬物非常丰厚，采了涿郡的山石来修筑坟墓。墓道上的墓碑和石兽都是用山上的岩石雕成的，还留下两只石虎，因此后人就称为石虎冈。山的东麓，就是泉源所出处，《水经》称为阎乡西山。水往东流，有崧水往南汇入，二水混合同流，俗称雹河。司马彪《郡国志》说：雹水发源于故安县，世祖命令耿况去攻打故安西山的贼兵吴耐蠡，沿雹水而上十余营，全都击溃，指的就是这条水。易水又往东流经孔山北麓，山下有钟乳溶洞，洞中出产很美的石钟乳，采石钟乳的人打着灯笼去寻觅，入洞约一里，渡过一条潜流的地下河，不太深，人可涉水过去。洞中又奇妙地分出许多石洞，使得出入的人迷失方向，不知该往哪里走，因此在容易迷路的地方，人们一定会留下标记，回来时才能找到出洞的通道。洞顶又有大孔，朝天敞开，所以叫孔山。易水又往东流经西故安城南，就是阎乡城。流过送荆隆陉北边。老人们说：燕丹就在这里为荆轲饯行，因而得名，但世代久远，也不大弄得清楚了。不过对从前留下的地名和传闻，也不得不作此说明，以便让后人扩大见闻。易水又东流，转弯绕经长城西边，又东流，往南流经武隧县以南、新城县以北。《史记》说：赵国大将李牧攻打燕国，占领了武隧、方城，就指这两座城。民间又把这条水叫武隧津。水北朝着长城门，称为汾门。《史记·赵世家》说：孝成王十九年，赵国与燕国交换土地，把龙兑、汾门给燕，燕则把葛城、武阳给赵。汾门也叫汾水门，又称梁门。易水往东分支流出，积成梁门陂；易水又东流，梁门陂水注入，这条水上口在梁门承接易水，往东流入长城，往东北流注入陂塘中。陂水在北方承接范阳陂，这片陂塘在范阳城西十里，方圆十五里，民间又称为盐台陂。陂水南通梁门淀，梁门淀方圆三里。淀水往东南流，出了长城，注入易水，称为范水。易水从这里起，下流通称为范水。又往东流经范阳县老城南边，就是应劭所说的范水之阳。

原文

易水又东迳樊舆县故城北，汉武帝元朔五年，封中山靖王子刘条为侯国，王莽更名握符矣[①]。《地理风俗记》曰：北新城县东二十里，有樊舆亭，故县也。易水又东迳容城县故城南，汉高帝六年，封赵将夜于深泽；景帝中三年，以封匈奴降王唯徐卢于容城垔淀[②]。皆为侯国，王莽更名深泽也。易水又东，垔水注之，水上承二陂于容城县东南，谓之大垔淀、小垔淀降王。其水南流注易水，谓之垔洞口。水侧有浑垔城，易水迳其南，东合滱水。故桑钦曰：易水出北新城西北，东人滱。自下滱、易互受通称矣。易水又东迳易京南，汉末，公孙瓒害刘虞于蓟下[3]，时童谣云：燕南垂，赵北际，惟有此中可避世。瓒以易地当之，故自蓟徙临易水，谓之易京城，在易城西四五里。赵建武四年，石虎自辽西南达易京，以京鄣至固，令二万人废坏之。今者，城壁夷平，其楼基尚存，犹高一匹。余基上有井，世名易京楼，即瓒所堡也。故《瓒与子书》云：袁氏之攻，状若鬼神，冲梯舞于楼上，鼓角鸣于地中[4]。即此楼也。易水又东迳易县故城南，昔燕文公徙易，即此城也。阚骃称燕太子丹遣荆轲刺秦王，与宾客知谋者，祖道于易水上[5]。《燕丹子》称，荆轲人秦，太子与知谋者，皆素衣冠送之于易水之上，荆轲起为寿，歌曰：风萧萧兮易水寒，壮士一去兮不复还。高渐离击筑[6]，宋如意和之，为壮声，士发皆冲冠；为哀声，士皆流涕[7]。疑于此也。余按遗传旧迹，多在武阳，似不饯此也。汉景帝中三年，封匈奴降王仆黥为侯国也。

注释

①握符：即帝位。符，指帝王受命于天的符命。

②唯徐卢：姓唯徐，名卢，汉景帝中三年封为容成侯。

③刘虞：刘虞（生年不详，卒于公元前193年10月），字伯安。东海郯（今山东郯城）人。汉光武帝刘秀之子东海恭王刘强之后。东汉末年著名政治家，汉室宗亲。他镇守幽州时为政宽仁，安抚百姓，深得人心。主张以怀柔政策对待当地的游牧民族，但由于与公孙瓒意见不合而产生矛盾，因而进兵攻击公孙瓒，兵败为其所执，惨遭杀害。

④鼓角：战鼓和号角的总称。古代军队中为了发号施令而制作的吹擂之物。

⑤知谋：智慧和谋略。

⑥击筑：筑，古代一种弦乐器，似筝，以竹尺击之，声音悲壮。

⑦冲冠：谓头发上指把帽子冲起。形容极为愤怒。

译文

易水又往东流经樊舆县老城北边。汉武帝元朔五年，把樊舆封给中山靖王的儿子刘条，立为侯国。王莽改名为握符。《地理风俗记》说：北新城县以东二十里有樊舆亭，是个旧县。易水又往东流经容城县老城南。汉高帝六年，封赵将夜于深泽；景帝中元三年（公元前147年），把降于汉的匈奴王唯徐卢封于容城。都是侯国，王莽改名为深泽。易水又往东流，垩水注入。垩水上流，在容城县东南承接两个陂塘，称为大垩淀和小垩淀。水往南流，注入易水，汇流处叫垩洞口。水边有浑垩城，易水流经城南，往东与滱水汇合。所以桑钦说：易水发源于北新城西北，东流注入滱水。从此以下，滱水与易水都可通称了。易水又往东流经易京以南。汉朝末年，公孙瓒在蓟下杀害了刘虞。当时童谣说：燕的南疆，赵的北地，唯有这里可避乱世。公孙瓒以为这地方就是易水一带，所以从蓟迁到易水边，把他所驻的城称为易京城，在易城以西四五里。后赵建武四年（公元前338年），石虎从辽西南下，到了易京，看到易京城墙极其坚固，就派了二万人把它破坏了。现在城墙已经毁为平地，但城楼基址还在，高度还有四丈多。废址上有一口井，世人称这座城楼为易京楼，城就是公孙瓒所据守的易京城。所以公孙瓒给他儿子的信中说：袁氏攻城时，就像鬼神一样，冲梯在城楼上乱舞，鼓角在地上齐鸣，说的就是这里的城楼。易水又往东流经易县老城南。从前燕文公迁到易县，就是这座城。阚骃说：太子丹派荆轲去刺秦王，与知道这一密谋的宾客在易水上给他饯行。《燕丹子》说：荆轲动身到秦国去时，太子和知道密谋的人都穿了白衣，戴了白帽，在易水上给他送行。荆轲起身向他敬酒，唱道：风萧萧兮易水寒，壮士一去兮不复还！高渐离击筑，宋如意伴唱，唱到悲壮时，人们激动得头发直竖，把帽子都顶了起来；唱到凄哀时，人们都不禁涕泪纷纷。这次壮行处可能就是在这里。我按古时留一下的遗迹认为，壮行处大多是在武阳，似乎不会在这里。汉景帝中元三年，把易县封给降于汉的匈奴王仆继，立为侯国。

圣 水

“圣水出上谷”条

原文

故燕地，秦始皇二十三年置上谷郡。王隐《晋书地道志》曰：郡在谷之头，故因以上谷名焉。王莽更名朔调也。水出郡之西南圣水谷，东南流迳大防岭之东首①。山下，有石穴，东北洞开，高广四五丈，人穴转更崇深，穴中有水②。耆旧传言，昔有沙门释惠弥者，好精物隐，尝篝火寻之③，傍水人穴三里有余，穴分为二：一穴殊小，西北出，不知趣诣④；一穴西南出，人穴经五六日方还，又不测穷深⑤。其水夏冷冬温，春秋有白鱼出穴，数日而返，人有采捕食者，美珍常味，盖亦丙穴嘉鱼之类也⑥。是水东北流人圣水。圣水又东迳玉石山，谓之玉石口，山多珉玉、燕石⑦，故以玉石名之。其水伏流里余，潜源东出，又东，颓波泻涧，一丈有余，屈而南流也。

注释

①东首：东侧，东边。

②石穴：石洞。

③篝火；古指用竹笼罩的火。

④趣诣：指地下洞穴的趋向。

⑤不测穷深：穷深，极深。此处指不能测量洞穴的深度。

⑥丙穴嘉鱼：鱼名，亦泛指嘉鱼。《太平御览》卷九三七引 晋 张华《博物志》：“ 江阳县 北有鱼穴二所，常以二月八日出鱼，鱼名丙穴。”丙

穴：又做地名。

⑦燕石：燕山所产的一种类似玉的石头。

译文

上谷是旧时燕国的领土，秦始皇二十三年（公元前224年），在这里设置上谷郡。王卿《晋书地道志》说：郡治在河谷的上头，因此以上谷为郡名。王莽时改名朔调郡。圣水源于郡西南的圣水谷，东南流经大防岭的东侧。山下，有石洞，洞口朝向东北，高、宽都有四五丈，进洞后变得更加幽深宽广，洞中有水。据老人相传，过去有个叫惠弥的和尚，精于探究隐秘的事物，曾经拿着火把去探寻。依着水流走了三里多，洞穴一分为二：一个特别小，向西北延伸，不知通向何处；另一个通向西南方，进去走了五六天才回来，洞穴深到难以测量。洞里的水冬暖夏凉，春秋季节洞内有白鱼游出，几天后又游回洞内，有人捕到这种鱼吃过，异常鲜美，大概也是丙穴嘉鱼一类。水往东北流，注入圣水。圣水又往东流经玉石山，那山口叫玉石口。因山上多珉玉、燕石，因此以玉石为名。圣水到了这里潜入地下流了一里多，又在东边流出地面。水继续向东流去，从一丈多高的山涧泻下，折向南流。

巨 马 水

“巨马河出代郡广昌县涞山”条

原文

即涞水也，有二源，俱发涞山，东迳广昌县故城南，王莽之广屏矣，魏封乐进为侯国。涞水又东北迳西射鱼城东南而东北流，又迳东射鱼城南，又屈迳其城东，《竹书纪年》曰：荀瑶伐中山，取穷鱼之丘[①]。穷、射字相类，疑即此城也，所未详矣。涞水又迳三女亭西，又迳楼亭北，左属白涧溪，水有二源，合注一川，川石皓然[②]，望同积雪，故以物色受名。其水又东北流，谓之石槽水，伏流地下，溢则通津委注[③]，谓之白涧口。涞水又东北，桑谷水注之，水南发桑溪，北注涞水。涞水又北迳小黉东，又东迳大黉南，盖霍原隐居教授处也[④]。徐广云：原隐居广阳山，教授数千人，为王浚所害，虽千古世悬，犹表二黉之称。既无碑颂，竟不知定谁居也。涞水又东北历紫石溪口与紫水合，水北出圣人城北大亘下，东南流，左会磊砢溪水，盖山崩委涧，积石沦隍[⑤]，故溪涧受其名矣。水出东北，西南流注紫石溪水。紫石溪水又迳圣人城东，又东南，右会檐车水，水出檐车硎，东南流迳圣人城南，南流注紫石水，又南注于涞水。涞水又东南迳榆城南，又屈迳其城东，谓之榆城河。涞水又南迳藏刀山下，层岩壁立，直上干霄，远望崖侧，有若积刀，镶镮相比[⑥]，咸悉西首。涞水东迳徐城北，故渎出焉，世谓之沙沟水。又东，督亢沟出焉。一水东南流，即督亢沟也；一水西南出，即涞水之故渎矣。水盛则长津宏注，水耗则通波潜伏，重源显于遒县，则旧川矣。

注释

①穷鱼：失水之鱼。比喻身处困境的人。此处穷鱼之丘为地名。

②皓然：作“皜然”。洁白貌。

③委注：曲折流往。

④霍原：字休明，燕国广阳（今属北京）人。霍原山居积年，门徒百数，燕王月致羊酒。

⑤沦隍：填没壕沟。

⑥镶镮：镶，古代兵器。镮，古同“环”，泛指圆圈形物。

译文

巨马河就是涞水，有两个源头，都出自涞山。往东流经广昌县老城南面，这就是王莽时的广屏。魏时把这些地方封给乐进，立为侯国。涞水又往东北流经西射鱼城东南，流向东北，又流经东射鱼城南面，又转弯流过城东。《竹书纪年》说：荀瑶讨伐中山，夺取穷鱼之丘。穷与射字形相似，可能就是此城，这也难说。涞水又流过三女亭西面，又流过楼亭北面，在左岸与白涧溪相通。溪水有两个源头，合流成为一溪，溪石呈白色，望去如同积雪一般，所以溪就以石色而得名了。水又向东北流，名叫石槽水，水到这里潜流到地下，只有水满时才能流通，注入涞水，汇流处叫白涧口。涞水又往东北流，有桑谷水注入。桑谷水发源于南方的桑溪，往北注入涞水。涞水又往北流经小黉岭东面，又东转，流经大黉岭南面。这里大概是霍原隐居教学的地方。徐广说：霍原隐居广阳山，教授弟子数千人，后来被王浚所害，虽然时代已经很遥远，至今还留着大黉小黉（学校）的名称，但却没有留下碑文颂辞，也就无从肯定到底是谁在这里隐居过了。涞水又往东北流到紫石溪口，与紫水汇合。紫水发源于圣人城北边的大亘山下，在东南流，在左岸汇合磊砢溪水。大概从前此处发生山崩，塌下的乱石堆满溪涧，所以溪水也就因此而得名了。磊砢溪水发源于东北，流向西南注入紫石溪水。紫石溪水又流经圣人城东，又往东南流，向右流与檜车水汇合。檜车水发源于檜车硎，往东南流经圣人城南面，南流注入紫石水，紫石水又南流注入涞水。涞水又往东南流经榆城县南，又转弯从城东绕过，叫榆城河。涞水又往南流经藏刀山下。藏刀山层岩陡峭耸立，直插云霄，远望好像无数的刀堆在一起，刀环靠着刀环一把把排列着，刀头都朝向西方。涞水往东流经徐城北面，有一条旧河道在这里分出，人们称为沙沟水。又东流，分出督亢沟。一条往东南流，就是督亢沟；一条往西南流，就是涞水的旧河道。涨水时就长流滚滚，干枯时就潜入地下，到遒县后又重新流出地面，这就是旧河道了。

沽河

“沽河从塞外来”条

原文

沽河出御夷镇西北九十里丹花岭下，东南流，大谷水注之。水发镇北大谷溪，西南流，迳独石北界，石孤生，不因阿而自峙。又南，九源水注之，水导北川，左右翼注，八川共成一水，故有九源之称。其水南流，至独石注大谷水。大谷水又南迳独石西，又南径御夷镇城西，魏太和中，置以捍北狄也。又东南，尖谷水注之，水源出镇城东北尖溪，西南流迳镇城东，西南流注大谷水，乱流南注沽水。又南出峡，夹岸有二城，世谓之独固门。以其藉险凭固，易为依据①，岩壁升耸，疏通若门②，故得是名也。沽水又南，左合乾溪水，引北川西南迳一故亭东，又西南注沽水。沽水又西南迳赤城东，赵建武年，并州刺史王霸为燕所败，退保此城。城在山阜之上③，下枕深隍，溪水之名，藉以变称，故河有赤城之号矣。沽水又东南与鹊谷水合，水有二源，南即阳乐水也，出且居县。《地理志》曰：水出县东，南流迳大翮山、小翮山北，历女祁县故城南。《地理志》曰：东部都尉治，王莽之祁县也。世谓之横水，又谓之阳田河。又东南迳一故亭，又东，左与候卤水合，水出西北山，东南流迳候卤城北，城在居庸县西北二百里，故名云候卤，太和中，更名御夷镇。又东南流注阳乐水。阳乐水又东南傍狼山南，山石白色特上，亭亭孤立，超出群山之表④。又东南迳温泉东，泉在山曲之中。又迳赤城西，屈迳其城南，东南人赤城河。河水又东南，右合高峰水，水出高峰戍东南，城在山上，其水西南流，又屈而东南，入沽水。沽水又西南流出山，迳渔阳县故城西，而南合七度水。水出北山黄颁谷，故亦谓之黄颁水，东南流注于沽水。沽水又南，渔水注之，水出县东南平地泉流，西迳渔阳县故城南。应劭曰：在渔水之阳也。考诸地说，则无闻；脉水寻川⑤，则有自。今城在斯水之阳，有符应说，渔阳之名当属此，秦发闾左戍渔阳，即是城也。渔水又西南入沽水。沽水又南与螺山之水合，水出渔阳城南小山。《魏土地记》曰：城南五里有螺山，其水西南入沽水。沽水又南迳安乐县故城东，《晋书地道记》曰：晋封刘禅为公国。俗谓之西潞水也。

注释

①依据：作为根据或依托的事物。

②疏通：贯通，流通。

③山阜：亦作“山阜”，土山。泛指山岭。

④亭亭：高耸直立的样子。

⑤无闻：没有名声，不为人知。

译文

沽河发源于御夷镇西北九十里的丹花岭下，往东南流，大谷水注入。大谷水发源于镇北大谷溪，往西南流经独石北界，这块巨石四面没有山峦依附，孤零零地矗立于平地上。大谷水又南流，九源水注入，九源水来自北川，左右两边有八条小溪汇入，合成一条，因此有九源之称。水往南流，到独石注入大谷水。大谷水又往南流经独石西面，又往南流经御夷镇西面。御夷镇是魏太和时为防北狄而设。大谷水又往东南流，尖谷水注入。尖谷水源出御夷镇东北的尖溪，往西南流经镇城东面，往西南流，注入大谷水，乱流往南注入沽水。沽水又往南流出峡谷，这里有两座城夹岸时峙，人们标为独固门。因为这里有险要难攻的地形可以依靠，易于固守。两旁岩石壁立高耸，而中间则可以通过，犹如门户，因而得名。沽水又往南流，在左边汇合乾溪水，乾溪水引北川往西南流，经一个老亭东面，又往西南注入沽水。沽水又往西南流经赤城东面。赵建武年间（335 — 348），并州刺史王霸被燕国打败，退回此城坚守。赤城在山丘上，城下便是深涧，溪名也因城名而改变，因此有赤城河之称。沽水又往东南流，与鹊谷水汇合。鹊谷水有两个源头、南面是阳乐水，发源于且居县。《地理志》说：阳乐水发源于县东。往南流经大翮山、小翮山以北，流过女祁县老城南面。《地理志》说：这是东部都尉治，也就是王莽时的祁县。阳乐水世人称为横水，又称阳田河。阳乐水又往东南流经一个古亭，又东流，在左与候卤水汇合。候卤水发源于西北山，往东南流经候卤城北面，城在居庸县西北二百里，因此名叫候卤，太和年间（477 － 499）改名为御夷镇。候卤水又往东南流，注入阳乐水。阳乐水又往东南沿着狼山南麓流过，山上的岩石呈白色，孤峰亭亭耸峙，高出众山之上，阳乐水又往东南流经温泉东面，温泉在一处山弯里。又流经赤城西面，折向城南，往东南流入赤城河。赤城河又往东南流，向右流汇合高峰水，高峰水发源于高峰戍东南面，这座城位于山上。水往西南流，又折向东南，入沽水。沽水又往西南流出山间，流经渔阳县老城西面，南流汇合了七度水。七度水发源于北山黄颁谷，因此又称黄颁水，往东南流，注入沽水。沽水又往南流，渔水注入，渔水发源于渔阳县东南的平地上，泉水往西流经渔阳县老城南面。应劭说：渔阳县在渔水之阳。查阅其它地理著作，都没有这个说法；但沿着河流探寻，却又确实从那里流过。如今渔阳在渔水之阳，与应劭说法相符，渔阳的地名应是由此而来的。秦调派乡里贫民驻守渔阳，指的就是此城。渔水又往西南流，注入沽水。沽水又南流，与螺山之水汇合，此水发源于渔雨城以南的小山。《魏土地记》说：城南五里有螺山，水往西南注入沽水，沽水又在南流经安乐县老城东面。《晋书地道记》说：晋把这里封给刘禅，立为公国。沽水，俗称西潞水。

洛 水

“东北过卢氏县南”条

原文

洛水迳鸥渠关北，鸥渠水南出鸥渠山，即荀渠山也。其水一源两分，川流半解，一水西北流，屈而东北，入于洛。《山海经》曰：熊耳之山，浮豪之水出焉，西北流注于洛。疑即是水也。荀渠，盖熊耳之殊称，若太行之归山也[①]。故《地说》曰：熊耳之山，地门也，洛水出其间。是亦总名矣。其一水东北迳鸥渠城西，故关城也。其水东北流，注于洛。洛水又东迳卢氏县故城南，《竹书纪年》：晋出公十九年，晋韩龙取卢氏城。王莽之昌富也。有卢氏川水注之。水北出卢氏山，东南流迳卢氏城东，东南流注于洛。洛水又东，翼合三川，并出县之南山，东北注洛。《开山图》曰：卢氏山宜五谷，可避水灾，亦通谓之石城山。山在宜阳山西南，千名之山，咸处其内，陵阜原隰，易以度身者也[②]。又有葛蔓谷水，自南山流注洛水。洛水又东迳高门城南，即《宋书》所谓后军外兵庞季明入卢氏，进达高门木城者也。洛水东与高门水合，水出北山，东南流合洛水枝津[③]。水上承洛水，东北流迳石勒城北，又东迳高门城北，东入高门水，乱流南注洛。洛水又东，松阳溪水注之，水出松阳山，北流注于洛。洛水又东迳黄亭南，又东合黄亭溪水。水出鹈鹕山，山有二峰，峻极于天，高崖云举，亢石无阶[④]，猿徒丧其捷巧，鼯族谢其轻工，及其长霄冒岭，层霞冠峰，方乃就辨优劣耳。故有大、小鹈鹕之名矣[⑤]。溪水东南流历亭下，谓之黄亭溪水，又东南入于洛水。洛水又东得荀公溪口，水出南山荀公涧，即庞季明所入荀公谷者也。其水历谷东北流，注于洛水。洛水又东迳檀山南，其山四绝孤峙，山上有坞聚，俗谓之檀山坞⑥。义熙中，刘公西入长安，舟师所届，次于洛阳⑦，命参军戴延之与府舍人虞道元即舟溯流，穷览洛川，欲知水军可至之处⑧。延之届此而返，竟不达其源也。洛水又东，库谷水注之，水自宜阳山南，三川并发，合为一溪，东北流注于洛。洛水又东得鹈鹕水口，水北发鹈鹕涧，东南流入于洛。洛水又迳仆谷亭北，左合北水，水出北山，东南流注于洛。洛水又东，侯谷水出南山，北流入于洛。洛水又东迳龙骧城北，龙骧将军王镇恶，从刘公西入长安，陆行所由，故城得其名。洛水又东，左合宜阳北山水，水自北溪南流注洛。洛水又东，广由涧水注之，水出南山由溪，北流迳龙骧城东，而北流入于洛。洛水又东，右得直谷水，水出南山，北迳屯城，西北流注于洛水也。

注释

①熊耳：山名。在 河南省 宜阳县 。秦岭 东段支脉。北魏 郦道元《水经注·洛水》：“ 洛水 之北有 熊耳 ，双峦竞举，状同熊耳。在 宜阳 也。”

②陵阜：丘陵。原隰（xí）：平原和低下的地方。

③枝津：支流。

④亢石无阶：极高的岩石无攀岩之阶梯。亢：高，极度，非常。

⑤鹈鹕（tí hú）：水鸟，体长可达二米，翼大，嘴长，尖端弯曲，嘴下有一个皮质的囊，羽毛灰白色，翼上有少数黑色羽毛。善于游泳和捕鱼，捕得的鱼存在皮囊中。多群居在热带或亚热带沿海。肉可以吃，羽毛可以做装饰品。

⑥坞：四边如屏的花木深处，或四面挡风的建筑物。

⑦舟师：水军。

⑧溯流：逆流而上。穷览：遍观。

译文

洛水流经鸥渠关北面，鸥渠水发源于南方的鸥渠山，也就是荀渠山。

鸥渠水一个源头分为两条，一条往西北流，折向东北，注入洛水。《山海经》说：浮豪之水发源于熊耳之山，往西北流，注入洛水，说的可能就是此水。荀渠山就是熊耳山的别名，正如太行山也叫归山一样。因此《地说》说：熊耳之山是地门，洛水从这里流出，所以也是个总名。另一条往东北流经鸥渠城西面，这是个老关城。此水往东北流，注入洛水。洛水又往东流经卢氏县老城南面。《竹书纪年》：晋出公十九年，晋韩龙夺取卢氏城，就是王莽时的昌富。卢氏川水在这里注入。川水发源于北面的卢氏山，往东南流经卢氏城东面，往东南注入洛水。洛水又东流，两边汇合三条小溪，这些小溪都发源于卢氏县的南山，往东北注入洛水。《开山图》说：卢氏山也通称石城山，适宜种五谷，可免遭水灾。此山位于宜阳山西南，其中包括着许许多多的山名。这片丘陵高地和低湿地带，是可以平平安安地度过一生的。说的就是这地方。又有葛蔓谷水从南山流来，注入洛水。洛水又往东流经高门城南面，《宋书》所说后军外兵庞季明入卢氏县，进达高门木城，指的就是这地方。洛水又东流，与高门水汇合。高门水发源于北山，往东南流，汇合了洛水的支流，这条支流的上流承接洛水，往东北流经石勒城北面，又往东流经高门城北面，往东注入高门水，乱流往南注入洛水。洛水又东流，有松阳溪水注入。溪水发源于松阳山，北流注入洛水。洛水又往东流经黄亭南面，又往东流，汇合了黄亭溪水。这条溪水发源于鹈鹕山，山上有两座险峰，陡峻地耸入天际，高崖直上云霄，绝无立足之地，即使矫捷如猿猴，轻巧如鼯鼠，也难以施展它们飞腾跳跃的本领，到了云气蒸腾，升上山巅，彩霞缤纷，笼罩着峰顶的时候，才能见出它们的高低。因此有大鹈鹕和小鹈鹕之称。溪水往东南流过亭下，称为黄亭溪水，又往东南流，注入洛水。洛水又东流，到了荀公溪口，这里的溪流发源于南山荀公涧，就是庞季明进兵时所经的荀公谷。溪水穿过峡谷往东北流，注入洛水。洛水又往东流经檀山南面。这座山四周没有丘陵相连，独自耸立着，山上有个村庄，俗称檀山坞。义熙年间，刘公西入长安，率领水军驻扎在洛阳，命令参军戴延之与府舍人虞道元乘船溯流而上，考察洛水的上下流，想查明水军船只能到达的地方。戴延之到了这里就回去了，竟没有到达源头。洛水又东流，库谷水注入。库谷水出自宜阳山南麓，三条川涧同流而出，汇合成一流，往东北注入洛水。洛水又东流，到了鹈鹕水口。鹈鹕水发源于北面的鹈鹕涧，往东南流，注入洛水。洛水又流经仆谷亭北面，左边汇合北水，北水发源于北山，往东南流，注入洛水。洛水又东流，侯谷水出自南山，北流注入洛水。洛水又往东流经龙骧城北面。龙骧将军王镇恶，跟随刘公西入长安，从陆路经过这里，因而得名。洛水又东流，左边汇合宜阳北山水。这条水出自北溪，南流注入洛水。洛水又东流，广由涧水注入。涧水发源于南山由溪，往北流经龙骧城东面，北流注入洛水。洛水又东流，右边汇合了直谷水。直谷水发源于南山，往北流经屯城，向西北流注入洛水。

伊 水

“又东北过伊阙中”条

原文

伊水迳前亭西，《左传·昭公二十二年》，晋箕遗、乐徵、右行诡济师[①]，取前城者也。京相璠曰：今洛阳西南五十里伊阙外前亭矣。服虔曰：前读为泉，周地也。伊水又北入伊阙，昔大禹疏以通水。两山相对，望之若阙，伊水历其间北流，故谓之伊阙矣[②]。《春秋》之阙塞也。《昭公二十六年》，赵鞅使女宽守阙塞是也。陆机云[③]：洛有四阙，斯其一焉。东岩西岭，并镌石开轩，高甍架峰[④]。西侧灵岩下，泉流东注，入于伊水。傅毅《反都赋》曰：因龙门以畅化，开伊阙以达聪也。阙左壁有《石铭》云：黄初四年六月二十四日辛巳，大出水，举高四丈五尺，齐此已下。盖记水之涨减也。右壁又有《石铭》云：元康五年，河南府君循大禹之轨，部督邮辛曜、新城令王琨、部监作掾董猗、李褒，斩岸开石，平通伊阙，石文尚存也[⑤]。

注释

①济师：军队渡水。汉 潘勖《册魏公九锡文》：“济师洪 河 ，拓定四州，袁谭 高干 ，咸枭其首。”

②伊阙（quē）：地名。在今 河南 洛阳市 南。即 春秋 周 阙塞 。因两山相对如阙门，伊水 流经其间，故名。

③阙（què）塞：阙，皇帝居处，借指朝廷；塞，边界上险要地方。

④开轩：开窗。甍：屋脊。

⑤斩岸：谓削平水边高地。

译文

伊水流经前亭西面。《左传·昭公二十二年》（前520），晋国的箕遗、乐征、右行诡渡过伊水，夺取了前城。京相璠说：现在洛阳西南五十里，伊阙外面的前亭，就是前城。服虔说：前，读作泉，是周的领地。伊水又往北流入伊阙。古时大禹在这里疏浚河道通水，两座山峰两边相对，望去就像门阙一般，伊水通过两山之间往北流，因此称为伊阙。这就是《春秋》所说的阙塞。《昭公二十六年》（前516），赵鞅派女宽防守阙塞，就指这里。陆机说：洛阳有四阙，伊阙是其中之一。东西两边的山岭上，凿石开出窗户，在山峰高建起窟室。西侧灵岩下，有一条泉水往东注入伊水。傅毅《反都赋》说：通过龙门来发扬教化，开启伊阙来通达听闻。伊阙左边石壁上刻着：黄初四年（223）六月二十四日辛巳，涨大水，水位升高了四丈五尺，与此线相平。这是水位涨退的记录。右边石壁上也刻着：元康五年（295），河南府尹遵从大禹治水的法度，率领督邮辛曜，新城县令王琨，部监作掾董猗、李褒，开凿两岸岩石，使伊阙水流畅通无阻，石上的文字都还在。

谷 水

“又东过河南县北，东南入于洛”条

原文

河南王城西北，谷水之右有石碛[1]，碛南出为死谷，北出为湖沟。魏太和四年，暴水流高三丈，此地下停流以成湖渚[2]，造沟以通水，东西十里，决湖以注瀍水。谷水又迳河南王城西北，所谓成周矣。《公羊》曰：成周者何？东周也。何休曰：名为成周者，周道始成，王所都也。《地理志》曰：河南河南县，故郏、鄏地也。京相璠曰：郏，山名；鄏，地邑也。卜年定鼎，为王之东都，谓之新邑，是为王城。其城东南名曰鼎门，盖九鼎所从人也[3]。故谓是地为鼎中。楚子伐陆浑之戎，问鼎于此。《述征记》曰：谷、洛二水，本于王城东北合流，所谓谷、洛斗也。今城之东南缺千步，世又谓之谷、洛斗处。俱为非也。余按史传，周灵王之时，谷、洛二水斗，毁王宫。王将堨之，太子晋谏王，不听，遗堰三堤尚存。《左传·襄公二十五年》，齐人城郏，穆叔如周贺。韦昭曰：洛水在王城南，谷水在王城北，东入于瀍。至灵王时，谷水盛出于王城西，而南流合于洛，两水相格，有似于斗，而毁王城西南也。颖容著《春秋条例》言，西城梁门枯水处，世谓之死谷是也。始知缘生行中造次，入关经究，故事与实违矣。考王封周桓公于是为西周，及其孙惠公，封少子于巩为东周，故有东、西之名矣。秦灭周，以为三川郡，项羽封申阳为河南王，汉以为河南郡，王莽又名之曰保忠信卿。光武都洛阳，以为尹。尹，正也，所以董正京畿，率先百郡也。谷水又东流迳乾祭门北，子朝之乱[4]，晋所开也，东至千金堨。《河南十二县境簿》曰：河南县城东十五里有千金竭。《洛阳记》曰：千金竭旧堰谷水，魏时更修此堰，谓之千金竭[5]。积石为竭开沟渠五所，谓之五龙渠。渠上立竭，竭之东首，立一石人，石人腹上刻勒云：太和五年二月八日庚戌造筑此竭，更开沟渠，此水衡渠上其水，助其坚也，必经年历世，是故部立石人以记之云尔。盖魏明帝修王、张故绩也。竭是都水使者陈协所造。《语林》曰：陈协数进阮步兵酒[6]，后晋文王欲修九龙堰，阮举协，文王用之。掘地得古承水铜龙六枚，堰遂成。水历竭东注，谓之千金渠。逮于晋世，大水暴注，沟渎泄坏，又广功焉，石人东胁下文云：太始七年六月二十三日，大水迸瀑，出常流上三丈，荡坏二竭，五龙泄水，南注泻下，加岁久漱啮[7]，每涝即坏，历载消弃大功，今故无令遏，更于西开泄，名曰代龙渠，地形正平，诚得为泄至理。千金不与水势激争，无缘当坏，由其卑下，水得逾上漱啮故也。今增高千金于旧一丈四尺，五龙自然必历世无患。若五龙岁久复坏，可转于西更开二竭。二渠合用二十三万五千六百九十八功，以其年十月二十三日起作，功重人少，到八年四月二十日毕。代龙渠即九龙渠也。后张方入洛，破千金竭。永嘉初，汝阴太守李矩、汝南太守袁孚修之，以利漕运，公私赖之。水积年，渠竭颓毁，石砌殆尽，遗基见存，朝廷太和中修复故竭。按千金竭石人西胁下文云：若沟渠久疏，深引水者当于河南城北、石碛西，更开渠北出，使首狐丘[8]。故沟东下，因故易就，碛坚便时，事业已讫，然后见之。加边方多事，人力苦少，又渠竭新成，未患于水，是以不敢预修通之。若于后当复兴功者，宜就西碛，故书之于石，以遗后贤矣。虽石碛沦败，故迹可凭，准之于文，北引渠东合旧渎。旧渎又东，晋惠帝造石梁于水上，按桥西门之南颊文，称晋元康二年十一月二十日，改治石巷、水门，除竖枋，更为函枋，立作覆枋屋，前后辟级续石障，使南北人岸，筑治漱处，破石以为杀矣。到三年三月十五日毕讫。并纪列门广长深浅于左右巷，东西长七尺，南北龙尾广十二丈，巷渎口高三丈，谓之皋门桥。潘岳《西征赋》曰：驻马皋门。即此处也。

注释

①石碛（qì）：石滩。碛，沙石积成的浅滩。

②湖渚：积水而成的湖泊。

③九鼎：古代传说夏禹铸了九个鼎，成为夏、商、周三代传国的宝物，象征国家政权。

④子朝之乱：春秋后期由王子朝所发动的周王室庶孽之乱。子朝是周景王庶子，有宠，景王曾有意立其太子。前520年，周景王死，子朝与子猛争夺王位，周卿单穆公、刘文公等支持子猛，立其为王，即周悼王。子朝兵败，率领一批贵族奉周之典籍奔楚，周敬王返归成周。子朝派使臣檄告诸侯以寻求支持，但已无人响应。前505年，子朝被周人杀于楚。

⑤堨（ài）：又石堨，在长安昆明池。《括地志》丰镐二水已堨入昆明池。《水经注》交水西至石堨。又《集韵》于盖切，音蔼。青土谓之堨。

⑥步兵：三国 魏 阮籍 的别称。籍 尝官步兵校尉。明 何景明《西郊秋兴》诗之七：“ 步兵 常嗜酒，水部 本能文。”

⑦漱啮：亦作“漱嚙”。侵蚀，冲荡。

⑧狐丘：故土。

译文

河南王城西北，谷水右边有石滩，滩水南流就是死谷，北流就是湖沟。魏太和四年（480）发大水，水高三丈，这里地势低洼，就积成湖泊，于是开了一条东西走向的十里长沟，疏导湖水注入瀍水。谷水又流经河南王城西北，这就是所谓成周。《公羊传》说：什么是成周呢？就是东周。何休说：取名成周，是因为周朝政制刚刚成立，这是周王建都的地方。《地理志》说：河南郡的河南县，是旧时郏、鄏的领地。京相璠说：郏是山名，鄏是城邑。占卜传国的年数，择地安放九鼎，成为周王的东都，称为新邑，这就是王城。城东南面城门为鼎门，就是九鼎搬运所经处，所以把这地方叫鼎中。楚子讨伐陆浑之戎时，探听放在这里的宝鼎。《述征记》说谷水和洛水原在王城东北合流，就是所谓谷、洛相斗。现在城的东南方不到一千步处，世人又说就是从前谷、洛二水斗合的地点。这些说法都不正确。我按史传，周灵王时谷水与洛水改道遇合，冲毁了王宫。灵王打算筑堤拦阻，太子晋谏阻灵王，灵王不听，当时所筑的三道堤堰都还存在。《左传·襄公二十五年》（前548），齐人在邦筑城，穆叔到周去庆贺。韦昭说：洛水在王城以南，谷水在王城以北，东流注入渥水。到了灵王时，谷水猛涨，在王城西面毁岸而出，南流汇入洛水，两水相冲激，就像相斗似的，把王城的西南角也冲毁了。颖容著《春秋条例》说：西城梁门枯涸无水的地方，人们称为死谷。这样看来，可知郭缘生旅途匆匆，入关时所调查到的史迹，与实际情况是颇有出入的。考王把周桓公封在这里，称为西周，到了他的孙子惠公时，又把小儿子封于巩，称为东周，所以就有了东、西二周的称呼，秦灭周，把这地方设为三川郡，项羽封申阳为河南王，汉时则立为河南郡，王莽又把它叫保忠信卿。光武帝建都洛阳，又改郡为尹。尹，就是正的意思，意在董正京畿，对天下百郡起带头作用。谷水又往东流经乾祭门北面，子朝作乱时，晋国开了这座城门。又往东流到千金堨。《河南十二县境簿》说：河南县城东十五里有千金堨。《洛阳记》说：千金堨从前是为拦截谷水而筑，魏时重修此堰，称为千金堨。当时用石块筑堰，开了五处沟渠，称为五龙渠，渠上造堰，堰的东端安放了一座石人，石人腹部刻着：太和五年（231）二月八日庚戌，筑成此堰，又开凿沟渠，当水冲沟渠时，就拦截水流，以保渠道牢固，经久不坏，因而立此石人记事。这是魏明帝重修王梁、张纯的旧堰时所立。堰是都水使者陈协所造。《语林》说：陈协多次送酒给阮步兵，后来晋文王想修建九龙堰，阮步兵推荐了陈协，文王也任用他。在动工掘地时，掘出了六枚古代的接水铜龙，堰也于是筑成了。水经此堰往东流注，称为千金渠。到了晋朝，大水猛涨冲击，渠道也被冲坏了，于是又扩大重建。石人东边胁下刻的字是；泰（太）始七年（271）六月二十三日，大水奔腾汹涌，高出正常水位三丈，把两道堰坝也冲坏了，五龙渠泄出的水，往南奔泻而下，加以年久逐渐受到侵蚀，每有水涝就被冲坏，历年的巨大工程全都枉费了，所以现在要使水流不再受阻，又在西边开渠泄水，名叫代龙渠。这里地形平正，开凿此渠确实是掌握了溢洪泻洪的正确规律了。千金堨并不正面迎着凶猛的水势，原当不会被冲坏的，但由于地势低洼，水就会漫到堰上，逐渐侵蚀的缘故。现在把千金堨比过去加高一丈四尺，五龙渠自然也定会长期不闹水灾了。假如五龙渠年久以后又毁坏了，可以转向西边再筑两道堰。开两条渠道，工程共耗费二十三万五千六百九十八功，在当年十月二十三日开工，因工程浩大，人力不足，到八年（272）四月二十日竣工。代龙渠就是九龙渠。后来张方攻入洛阳，破坏了千金堨。永嘉（307－313）初，汝阴太守李矩、汝南太守袁孚修复了这条堰，以便运输，官府和百姓都要依靠它。年积月累，渠道和堰坝又塌毁了，砌堰的石块差不多都冲走了，只有遗址还留着，朝廷在太和年间（477－499）修复了这条旧堰。按千金堨石人西边胁下刻的是：假如沟渠年久荒废，进行深浚引水工程的人，应当在河南南城以北、石滩以西另开沟渠通往北面，与旧渠道汇合。沟通往东方，循旧道施工较为容易，石滩也牢固又省时。工程完成后，就可以看到效益。但因边境多事，苦于人力不足，而且渠道和堰坝刚刚建成，尚未受到水灾的威胁，所以也不敢预先把它修通。以后如果要重新动工，以在西边石滩处施工为妥，因此把这些意见刻在石上，留给后世贤者参考。现在虽然石滩也淹没了，但遗迹还依稀可辨。照石人铭文看来，引渠北出，是往东与旧渠道相汇合的。旧渠又东流，晋惠帝在水上造了一座石桥，石桥西门朝南一面刻的是：晋元康二年（292）十一月二十日，改建石巷、水门，拆除了竖式枋柱，改为卷洞式枋门，又在上面造枋屋遮盖，在屋前后两面加砌右级与堤岸相接，使南北两头都伸入岸上。又把冲蚀的地方修好，以减煞水势。工程于三年（93）三月十五日完成，并在左右记明各门的长宽深浅。桥洞东西宽七尺，南北桥头龙尾道宽十二丈，桥洞通水口高三丈。这座石桥称为皋门桥。潘岳《西征赋》说：驻马于皋门。指的就是这地方。

渭　水

“又东过源道县南”条

原文

右则岑溪水，次则同水，俱左注之，次则过水右注之。渭水又东南迳獂道县故城西，昔秦孝公西斩戎之獂王，应劭曰：獂，戎邑也①。汉灵帝中平五年，别为南安郡，赤亭水出郡之东山赤谷，西流迳城北，南入渭水。渭水又迳城南得粟水，水出西南安都谷，东北流注于渭。渭水又东，新兴川水出西南鸟鼠山，二源合舍，东北流与彰川合，水出西南溪下，东北至彰县南，本属故道侯尉治，后汉县之，永元元年，和帝封耿秉为侯国也②。万年川水出南山，东北流注之，又东北注新兴川，又东北迳新兴县北，《晋书地道记》，南安之属县也。其水又东北与南川水合，水出西南山下，东北合北水，又东北注于渭水。渭水又东迳武城县西，武城川水入焉。津源所导，出鹿部西山，两源合注，东北流迳鹿部南，亦谓之鹿部水。又东北，昌丘水出西南丘下，东北注武城水，乱流东北注渭水。渭水又东入武阳川，又有关城川水出南，安城谷水出北，两川参差注渭水。渭水又东，有落门西山东流三谷水注之，三川统一，东北流注于渭水。有落门聚，昔冯异攻落门，未拔而薨。建武十年，来歙又攻之，擒隗嚣子纯，陇右平③。渭水自落门东至黑水峡，左右六水夹注：左则武阳溪水，次东得土门谷水，俱出北山，南流入渭；右则温谷水，次东有故城溪水，次东有闾里溪水，亦名刁溪水，次东有黑水，并出南山，北流人渭。渭水又东出黑水峡，历冀川。

注释

①獂（huán）：《史记·秦本纪》孝公西斩戎之獂王。《注》地理志：天水有獂道县。秦孝公：战国时秦国君。姓嬴，名渠梁。公元前361－前338年在位。战国时代秦国有名的一位君主。秦孝公一生中干过两件大事，其一是迁都咸阳，其二是任用商鞅变法。

②耿秉：东汉将领，博通书籍，尤其喜好将帅用兵谋略。永元元年（89年），大败北匈奴军，因功被封为美阳侯。

③落门聚：地名，首见于《后汉书·隗嚣传》。东汉光武帝刘秀建武九年（公元34年），隗嚣的儿子隗纯由冀城败逃到最后一个据点落门聚，被东汉名将来歙攻降于此。传汉军与隗纯两军对垒攻战，汉军粮草积存在今洛门西南的四门镇，一日暴雨倾盆，洪水滂沱，将四门的军门冲卷而走，兵士沿河寻找，最后在今天洛门镇的大南河与渭河交汇处找到了。由此，将其地命名为落门，意思是军门漂流沉落之地。

译文

渭水右边有岑溪水，接着是同水，都从左边注入，接着有过水，从右边注入。渭水又往东南流经獂道县老城西。从前秦孝公西征，杀了戎族的獂王。应劭说：獂是戎族的都邑。汉灵帝中平五年（188），分地设立南安郡，赤亭水发源于该郡东山的赤谷，往西流过城北，往南注入渭水。渭水又流经城南，接纳了粟水，粟水发源于西南的安都谷，往东北流，注入渭水。渭水又东流，新兴川水发源于西南的鸟鼠山，两条水源汇合后，流经东北与彰川汇合，彰川发源于西南方的溪下，往东北流到彰县南边。彰县原属故道候尉治所，后汉时立为县。永元元年（89），和帝将彰县封给耿秉，立为侯国。万年川水发源于南山，往东北流，注入彰川；又往东北流，注入新兴川，又往东北流经新兴县北。按《晋书地道记》，新兴县是南安郡的属县，水又往东北流，与南川水汇合。南川水发源于西南山下，往东北流与北水汇合，又往东北注入渭水。渭水又往东流经武城县西，有武城川水注入。武城川水源出鹿部的西山，两条水源汇合后，往东北流经鹿部南，也叫鹿部水。又往东北流，昌丘水发源于西南的丘岗下，往东北注入武城水，然后往东北乱流，注入渭水。渭水又往东流，进入武阳川，又有关城川水自南而来，安城谷水自北而来，错落地注入渭水。渭水又往东流，三府谷水注入，三府谷水源出落门西山，往东流，三水合为一流后，往东北注入渭水。水边有个落门聚。从前冯异攻打落门，没有攻下就死了。建武十年（34），来歙又去攻打，俘获隗嚣的儿子隗纯，平定了陇右。渭水从落门往东流到黑水峡，左右两边有六条水注入：左边有武阳溪水，稍东又接纳了土门谷水，两条水都发源于北山，南流注入渭水；右边则有温谷水，稍东有故城溪水，稍东有间里溪水，又名刁溪，稍东有黑水，都发源于南山，北流注入渭水。渭水又往东流，经黑水峡而出，流过冀川。

“又东过冀县北”条

原文

渭水自黑水峡至岑峡，南北十一水注之。北则温谷水，导平襄县南山温溪，东北流迳平襄县故城南，故襄戎邑也[①]，王莽之所谓平相矣。其水东南流，历三堆南，又东流南屈，历黄槐川，梗津渠，冬则辍流[②]，春夏水盛，则通川注渭。次则牛谷水，南入渭水。南有长堑谷水，次东有安蒲溪水，次东有衣谷水，并南出朱圉山，山在梧中聚，有石鼓，不击自鸣，鸣则兵起。汉成帝鸿嘉三年，天水冀南山有大石自鸣，声隐隐如雷，有顷止，闻于平襄二百四十里，野鸡皆鸣，石长丈三尺，广厚略等。著崖胁[③]，去地百余丈，民俗名曰石鼓，石鼓鸣则有兵。是岁广汉钳子攻死囚[④]，盗库兵，略吏民，衣绣衣，自号为仙君，党与漫广，明年冬伏诛，自归者三千余人[⑤]。信而有征矣。其水北迳冀县城北，秦武公十年伐冀戎，县之，故天水郡治，王莽更名镇戎，县曰冀治。汉明帝永平十七年，改曰汉阳郡，城，即隗嚣称西伯所居也[⑥]。后汉马超之围冀也，凉州别驾阎伯俭潜出水中，将告急夏侯渊，为超所擒，令告城无救，伯俭曰：

大军方至，咸称万岁。超怒数之，伯俭曰：卿欲令长者出不义之言乎？遂杀之。渭水又东合冀水，水出冀谷。次东有浊谷水，次东有当里溪水，次东有托里水，次东有渠谷水，次东有黄土川水，俱出南山，北迳冀城东，而北流注于渭。渭水又东出岑峡，入新阳川，迳新阳下城南，溪谷、赤蒿二水并出南山，东北人渭水。渭水又东与新阳崖水合，即陇水也，东北出陇山。其水西流右迳瓦亭南，隗嚣闻略阳陷，使牛邯守瓦亭，即此亭也。一水亦出陇山，东南流历瓦亭北，又西南合为一水，谓之瓦亭川。

注释

①邑：旧指县。

②辍流：阻断水流，断流。

③崖胁：山崖中部。

④钳子：指受过钳刑成为钳徒者。《汉书》颜师古注："钳子，谓钳徒也。"

⑤库兵：兵器库中的武器。党与：同党之人。邹鲁《云南光复》："哥老会首余占标，不密其事，为 滇吏侦知，被获枭首，党与遂散。"

⑥隗（wěi）嚣：季孟，天水成纪（今甘肃秦安）人。隗崔、杨广等以为要举事就应立主将以统一众人思想，都说隗嚣素有名气，喜爱经书，于是共推举隗嚣为上将军。隗崔、隗义合谋反叛，隗嚣告密，刘玄感其大义灭亲，封为御史大夫。建武九年（33年），病故。

译文

渭水从黑水峡到岑峡之间，南北两边共有十一条水注入。北面有温谷水，导源于平襄县南山的温溪，往东北流经平襄县老城南边。平襄就是旧时的襄戎邑，王莽称为平相。此水往南流过三堆南，又东流南转，流入黄槐水。水道梗塞不畅，冬季断流，春夏水大时才能畅通，注入渭水。接着是牛谷水，南流注入渭水。南面有长堑谷水，稍东有安蒲溪水，稍东有衣谷水，都发源于南方的朱圉山，山在梧中聚，有石鼓，不敲自会发响，鼓响就有战事。汉成帝鸿嘉三年（前18），天水冀南山有大石自行发响，声音隐隐有如雷鸣，响了一阵才停止，这声音一直传到平襄，远达二百四十里，连野鸡都叫起来，大石长一丈三尺，宽度和厚度约略相等。它搁在悬崖裂隙间，离地百余丈，民间俗称石鼓，石鼓发声就有战事。那年广汉钳子攻打监狱，劫走死刑犯，盗窃武器库里的兵器，劫掠官民，他身穿绣花衣服，自称仙君，党羽众多，次年冬天被正法，自首的三千余人。可见传说不但可信，而且确实应验了。水往北流经冀县城北，秦武公十年（前688），讨伐冀戎，在那里设县，这里也是旧时天水郡的治所，王莽改郡名为镇戎，县名叫冀治。汉明帝永平十七年（74），改名为汉阳郡，郡城就是隗嚣自封为西伯时所居的地方。后汉时马超围攻冀城，凉州别驾阎伯俭潜水出去，打算去向夏侯渊告急，结果被马超所俘，要他回去报告城已无人救援，伯俭说：大军正要来到，大家都欢呼庆贺。马超发怒责骂他，伯俭说：您想叫长者口出不义的话吗？于是马超就把他杀了。渭水又往东流，与冀水汇合。冀水发源于冀谷。稍东有浊谷水，稍东有当里溪水，稍东有托里水，稍东有渠谷水，稍东有黄土川水，诸水都发源于南山，往北流经冀城东，北流注入渭水。渭水又往东穿过岑峡出山，进入新阳川，流经新阳下城南，发源于南山的溪谷水和赤蒿水，往东北注入渭水。渭水又往东流，汇合了新阳崖水，就是陇水，发源于东北方的陇山。水往西流，右边流经瓦亭南。隗嚣听说略阳失守，就派牛邯去守瓦亭，就是此亭。另一条水也发源于陇山，往东南流经瓦亭北面，又往西南流，汇合为一水，叫瓦亭川。

“又东过霸陵县北，霸水从县西北流注之”条

原文

霸者，水上地名也，古曰滋水矣。秦穆公霸世，更名滋水为霸水，以显霸功①。水出蓝田县蓝田谷，所谓多玉者也。西北有铜谷水，次东有辋谷水，二水合而西注，又西流入浧水②。浧水又西迳峣关，北历峣柳

城。东、西有二城，魏置青逕军于城内，世亦谓之青逕城也。秦二世三年，汉祖入，自武关攻秦，赵高遣将距于蛲关者也。《土地记》曰：蓝田县南有蛲关，地名蛲柳道，通荆州。《晋地道记》曰：关当上洛县西北。逕水又西北流入霸，霸水又北历蓝田川，迳蓝田县东。《竹书纪年》：梁惠成王三年，秦子向命为蓝君，盖子向之故邑也。川有汉临江王荣冢，景帝以罪征之，将行，祖于江陵北门，车轴折，父老泣曰：吾王不反矣。荣至，中尉郅都急切责王，王年少，恐而自杀，葬于是川，有燕数万，衔土置冢上，百姓矜之[③]。霸水又左合浐水，历白鹿原东，即霸川之西，故芷阳矣。《史记》：秦襄王葬芷阳者是也。谓之霸上，汉文帝葬其上，谓之霸陵[④]。上有四出道以泻水，在长安东南三十里。故王仲宣赋诗云：南登霸陵岸，回首望长安[⑤]。汉文帝尝欲从霸陵上西驰下峻坂[⑥]，袁盎揽辔于此处[⑦]。上曰：将军怯也。盎曰：臣闻千金之子，坐不垂堂，百金之子，立不倚衡[⑧]，圣人不乘危，今驰不测，如马惊车败，奈高庙何？上乃止。霸水又北，长水注之。水出杜县白鹿原，其水西北流，渭之荆溪[⑨]。又西北，左合狗枷川水，水有二源，西川上承磈山之斫槃谷，次东有苦、谷二水合，而东北流迳风凉原西，《关中图》曰：丽山之西，川中有阜，名曰风凉原，在磈山之阴，雍州之福地。即是原也。其水傍溪北注，原上有汉武帝祠。其水右合东川，水出南山之石门谷，次东有孟谷，次东有大谷，次东有雀谷，次东有土门谷。五水北出谷，西北历风凉原东，又北与西川会。原为二水之会，乱流北迳宣帝许后陵东，北去杜陵十里，斯川于是有狗枷之名。川东亦曰白鹿原也，上有狗枷堡。《三秦记》曰：丽山西有白鹿原，原上有狗枷堡，秦襄公时，有大狗来，下有贼则狗吠之，一堡无患，故川得厥目焉。川水又北迳杜陵东，元帝初元元年，葬宣帝杜陵，北去长安五十里。陵之西北有杜县故城，秦武公十一年县之，汉宣帝元康元年，以杜东原上为初陵，更名杜县为杜陵，王莽之饶安也。

注释

①霸：中国春秋时势力最大并取得首领地位的诸侯；在某一领域或地区称霸的人或集团。

②涅（ní）水：古水名。涅：古通“泥”。

③衔土：口含泥土。：“舜葬苍梧之野，有鸟……名曰凭霄雀，能羣飞衔土成丘坟。”矜：怜悯，怜惜。

④芷阳：秦县名，在今陕西省西安市东。霸上：地名。霸陵：汉文帝陵名。

⑤长安：都城名。汉高祖七年（公元前200年）定都于此。此后东汉献帝初、西晋愍帝、前赵、前秦、后秦、西魏、北周、隋、唐皆于此定都。西汉末绿林、赤眉，唐末黄巢领导的农民起义军也曾建都于此。故城有二：汉城筑于惠帝时，在今西安市西北。隋城筑于文帝时，号大兴城，故址包有今西安城和城东、南、西一带。唐末就旧城北部改筑新城，即今西安城。

⑥峻坂：也做峻阪，陡坡。

⑦揽辔（pèi）：挽住马缰。

⑧倚衡：跨在车前横木上。

⑨白鹿原：古地名。即霸上。在今陕西省蓝田县西。宋程大昌《雍录》卷七：“霸水行乎白鹿原上。”

译文

一霸，是水上地名，这条水古时叫滋水。秦穆公称霸于世时，把滋水改名为霸水，以显耀他称霸的功业。霸水发源于蓝田县的蓝田谷，就是以多玉而闻名的地方。西北有铜谷水，稍东有辋谷水，二水汇合后西流，又往西注入涅水。涅水又往西流经蛲关，往北流经蛲柳城，东西有两城并峙，魏在城内部署了青涅军，所以人们又称为青涅城。秦二世三年（前207），汉高祖从武关进来攻秦，赵高派遣大将在蛲关抵抗。《土地记》说：蓝田县南有蛲关，地名蛲柳，有道路通荆州。《晋地道记》说：关在上洛县西北。涅水又往西北流，注入霸水，霸水又往北流经蓝田川，流过蓝田县东边。按《竹书纪年》说：梁惠成王三年（前367），秦子向赐名为蓝君，蓝田就是子向旧时的食邑。蓝田川有汉临江王刘荣墓。景帝因他有罪征召他，临行时在江陵北门饯别，车轴忽然断了，父老们哭泣道：我们的大王不会回来了！刘荣一到，中尉郅都就严厉地把他斥责了一顿，他年纪轻，胆子小，心里害怕，就自杀了，葬在这里，葬后有几万只燕子衔泥放在坟上，百姓都很怜悯他。霸水又在左边汇合了浐水，流经白鹿原东边，与霸川西岸相邻近，就是旧时的芷阳。按《史记》，秦襄王葬在芷阳。称为霸上，汉文帝葬在这里，称为霸陵。在长安东南三十里，陵上有四条排水道用以排水。所以王仲宣赋诗道：往南登上霸陵的高冈，回头遥望着长安。汉文帝曾想从霸陵上向西跑下陡坡，袁盎在这里勒住车驾的缰绳。文帝说：将军胆子也太小了。袁盎说：我听说，家有千金的人，不在堂前的檐下安坐，家有百金的人，不倚着马车的栏干站立，圣人是不会去冒险的，现在从这里下坡，难保不出事故，假使马惊车覆，怎么对得起高祖呢？于是文帝才作罢。霸水又北流，有长水注入。长水发源于杜县的白鹿原，水往西北流，称为荆溪。又往西北流，左边汇合了狗枷川水，狗枷川水有两个源头，西川上流承接魄山的斫槃谷，稍东，有苦谷，两条水汇合后，往东北流经风凉原西边。《关中图》说：丽山以西，一片平川中有个山丘，名叫风凉原，位于魄山北面，是雍州的福地。这里说的就是这片高地。此水沿着溪边北流，原上有汉武帝祠。水在右边汇合东川，东川发源于南山石门谷，稍东有孟谷，稍东有大谷，稍东有雀谷，稍东有土门谷。这五条水北流出谷，往西北流经风凉原东边，又北流与西川汇合。风凉原是二水的汇流处，汇合后又往北乱流，经过宣帝许后陵东。向北许后陵离杜陵十里，水流到这里名为狗枷川。川东又名白鹿原，上有狗枷堡。《三秦记》说：丽山西有白鹿原，原上有狗枷堡。秦襄公时，有大狗来到这里，下面有贼，狗就向他狂吠，一堡赖以平安，所以川也因而得名了。川水又往北流经杜陵东边。元帝初元元年（前48），把宣帝葬在杜陵，北距长安五十里。杜陵西北有杜县老城，秦武公十一年（前687）设县，汉宣帝元康元年（前65），把杜东原上作为初陵，于是把杜县改名为杜陵，就是王莽的饶安。

漾 水

“漾水出陇西氐道县嶓冢山，东至武都沮县为汉水”条

常璩《华阳国志》曰[①]：汉水有二源，东源出武都氐道县漾山为漾水，《禹贡》导漾东流为汉是也；西源出陇西西县嶓冢山，会白水迳葭萌入汉。始源曰沔。按沔水出东狼谷，迳沮县人汉。《汉中记》曰：嶓冢以东，水皆东流，嶓冢以西，水皆西流。即其地势源流所归，故俗以嶓冢为分水岭。即此推沔水无西入之理。刘澄之云：有水从阿阳县南至梓潼汉寿入大穴，暗通冈山。郭景纯亦言是矣。冈山穴小，本不容水，水成大泽而流与汉合。庾仲雍又言：汉水自武遂川南入蔓葛谷，越野牛迳至关城，合西汉水。故诸言汉者，多言西汉水至葭萌入汉。又曰：始源曰沔。是以《经》云：漾水出氐道县，东至沮县为汉水，东南至广魏白水。诊其沿注，似与三说相符，而未极西汉之源矣。然东、西两川，俱受沔、汉之名者，义或在兹矣。班固《地理志》，司马彪、袁山松《郡国志》，并言汉有二源，东出氐道，西出西县之嶓冢山。阚骃云：汉或为漾，漾水出昆仑西北隅，至氐道重源显发而为漾水。又言，陇西西县，嶓冢山在西，西汉水所出，南入广魏白水。又云：漾水出豲道，东至武都入汉。许慎、吕忱并言：漾水出陇西豲道，东至武都为汉水。不言氐道，然豲道在冀之西北，又隔诸川，无水南人，疑出豲道之为谬矣[②]。又云：汉，漾也，东为沧浪水。《山海经》曰：嶓冢之山，汉水出焉，而东南流注于江。然东、西两川，俱出嶓冢而同为汉水者也。孔安国曰：泉始出为漾，其犹濛耳。而常璩专为漾山、漾水，当是作者附而为山水之殊目矣[③]。余按《山海经》，漾水出昆仑西北隅，而南流注于醜涂之水。《穆天子传》

曰：天子自舂山西征，至于赤乌氏，己卯，北征；庚辰，济于洋水；辛巳，人于曹奴。曹奴人戏，觞天子于洋水之上，乃献良马九百，牛羊七千，天子使逢固受之；天子乃赐之黄金之鹿，戏乃膜拜而受。余以太和中从高祖北巡，狄人犹有此献。虽古今世殊，而所贡不异，然川流隐伏，卒难详照，地理潜閟，变通无方，复不可全言阚氏之非也。虽津流派别，枝渠势悬，原始要终[4]，潜流或一，故俱受汉、漾之名，纳方土之称，是其有汉川、汉阳、广汉、汉寿之号，或因其始，或据其终，纵异名互见，犹为汉、漾矣。川共目殊，或亦在斯。今西县嶓冢山，西汉水所导也，然微涓细注[5]，若通幂历[6]，津注而已。西流与马池水合，水出上邽西南六十余里，谓之龙渊水，言神马出水，事同余吾、来渊之异，故因名焉。《开山图》曰：陇西神马山有渊池，龙马所生。即是水也。其水西流谓之马池川，又西流入西汉水。

注释

①常璩（qú）：字道将，东晋蜀郡江原小亭乡（今崇州市三江镇）人。东晋朝廷重中原故族，轻蜀人。时常璩已老，又受歧视，遂怀愤衰削旧作，改写成《华阳国志》，《华阳国志》是我国现存最早、最完整的一部地方志。

②谬（miù）：错误的，不合情理的。

③殊目：不同的名称。

④原始要终：事物发展的起源和结果。

⑤微涓：极小的水流。

⑥幂历：弥漫笼罩的样子。

译文

常璩《华阳国志》说：汉水有两个源头，东边的源头出自武都氐道县的漾山，称为漾水，《禹贡》说：疏导漾水往东流是汉水，就指此水；西面的源头出自陇西郡西县嶓冢山，汇合白水流往葭萌注入汉水，上源称为沔水。按沔水发源于东狼谷，流经沮县注入汉水。《汉中记》说：嶓冢山以东，水都往东流，蟠冢山以西，水就往西流。水源是循着地势而流的，因此民间都把蟠冢山作为分水岭。据此推断，沔水是没有向西流的道理的。刘澄之说：有一条水从阿阳县南流到梓潼郡的汉寿县，注入一个大山洞，山洞暗通冈山。郭景纯也有这样的说法。冈山的洞小，本来就容不了多少水，于是水就积成一片汪洋大泽，流出去与汉水汇合。庾仲雍又说：汉水从武遂川往南流入蔓葛谷，穿过野牛，流到关城，汇合西汉水。所以诸家谈到汉水时，大都说西汉水流到葭萌注入汉水。又有人说上源叫沔水。所以《水经》说：漾水发源于氐道县，东流到沮县称为汉水，往东南流到广魏白水县。考察水道的流向，似乎与上述三种说法相符，但都没有穷究到西汉水的源头。不过东西两条水，都有沔水和汉水的名称，道理或许就在这里吧。班固的《地理志》，司马彪、袁山松的《郡国志》都说汉水有两个源头，东源出自氐道县，西源出自西县的蟠冢山。阚骃说：汉水有人称为漾水，漾水发源于昆仑山西北角，流到氐道，潜流于地下的源头才重新冒出地面，称为漾水。又说，陇西郡西县蟠冢山在西边，西汉水就发源在那里，往南流入广魏白水。又有人说漾水发源于豲道县，往东流到武都注入汉水。许慎、吕忱都说漾水发源于陇西豲道县，往东流到武都称为汉水，并没有提到豲道。豲道县在冀县的西北，又隔着几条河流，没有南流的水，发源于豲道的说法想来是错误的。又说：汉水就是漾水，东边是沧浪水。《山海经》说：蟠冢之山是汉水的发源地，往东南流注入江水。然而，东西两条水都发源于蟠冢山，也都同样称为汉水。孔安国说：泉水开始流出叫漾，意思是说水流很细。而常璩却擅自提出漾山、漾水等名，这一定是作者把山水牵连在一起而造出的异名。我查过《山海经》，漾水发源于昆仑山西北角，南流注入魄涂之水。《穆天子传》说：穆天子从春山出发西行，到达赤乌氏，己卯日北行；庚辰日渡过洋水；辛巳日进入曹奴。曹奴有个人名戏，在洋水上宴请天子，献上良马九百匹，牛羊七千头，天子派逢固去接受馈赠；于是回赠他黄金鹿一只，戏也恭敬地跪拜接受了。我在太和年间（477 – 499）曾跟从高祖北巡，狄人也有此类贡献。虽然古今时代不同，但所贡献的东西却没有差别，然而，川流隐伏在地下，很难详细搞清楚，地形地貌隐蔽幽深，变化莫测，没有一定的规律可循，因此也不能完全责怪阚骃的错误了。虽然水流有分支，支渠相隔遥远，但探究它们的源头和归宿，隐蔽的地下潜流，有时却是同属一条水的。因此，都有了汉水、漾水之名，同时又采用了一些地方名称，于是就有了汉川、汉阳、广汉、汉寿等名，有的是根据起点，有的是根据终点，纵然各书中可以看到各种异名，但指的还是汉水和漾水。同一条川流，而名称各异，原因或许就在这里吧。今天的西县嶓冢山是西汉水的发源地，然而水流细弱，只是遍布于四面八方的细水缕缕相通，汇集在一起罢了。西汉水往西流，与马池水汇合，马池水发源于上邦西南六十多里，叫龙渊水，据说有神马从渊里出来，与余吾、来渊出现过的奇迹相类似，因而得名。《开山图》说：陇西神马山有个深潭，出生过龙马。说的就是这条水。水往西流，称为马池川，再往西流，注入西汉水。

丹水

“又东南过商县南，又东南至于丹水县，人于均”条

契始封商[①]，鲁连子曰：在太华之阳。皇甫谧、阚骃并以为上洛商县也。殷商之名，起于此矣。丹水自商县东南流注，历少习，出武关。应劭曰：秦之南关也，通南阳郡。《春秋左传·哀公四年》，楚左司马使谓阴地之命大夫士蔑曰：晋、楚有盟，好恶同之，不然将通于少习以听命者也。京相璠曰：楚通上洛，阸道也[②]。汉祖下析、郦，攻武关。文颖曰：武关在析县西百七十里，弘农界也。丹水又东南流入臼口，历其戍下，又东南，析水出析县西北弘农卢氏县大蒿山，南流迳修阳县故城北，县，即析之北乡也。又东入析县，流结成潭，谓之龙渊，清深神异。《耆旧传》云：汉祖入关，迳观是潭，其下若有府舍焉。事既非恒，难以详矣。析水又东迳其县故城北，盖《春秋》之白羽也。《左传·昭公十八年》，楚使王子胜迁许于析是也。郭仲产云：相承言，此城汉高所筑，非也，余按《史记》：楚襄王元年，秦出武关，斩众五万，取析十五城。汉祖入关，亦言下析、郦，非无城之言，修之则可矣。析水又历其县东，王莽更名县为君亭也。而南流入丹水县注于丹水。故丹水会均有析口之称。丹水又东南迳一故城南，名曰三户城[③]。昔汉祖入关，王陵起兵丹水，以归汉祖，此城疑陵所筑也。丹水又迳丹水县故城西南，县有密阳乡，古商密之地，昔楚申息之师所戍也[④]。《春秋》之三户矣。杜预曰：县北有三户亭。《竹书纪年》曰：壬寅，孙何侵楚，入三户郛者是也。水出丹鱼，先夏至十日，夜伺之，鱼浮水侧，赤光上照如火，网而取之，割其血以涂足，可以步行水上，长居渊中，丹水东南流至其县南，黄水

北出芬山黄谷，南迳丹水县，南注丹水。黄水北有墨山，山石悉黑，绩彩奋发，黝焉若墨，故谓之墨山。今河南新安县有石墨山，斯其类也。丹水南有丹崖山，山悉赪壁霞举，若红云秀天，二岫更为殊观矣[⑤]。丹水又南迳南乡县故城东北，汉建安中，割南阳右壤为南乡郡，逮晋封宣帝孙畅为顺阳王。因立为顺阳郡，而南乡为县。旧治酇城，永嘉中，丹水浸没，至永和中，徙治南乡故城。城南门外，旧有郡社柏树，大三十围，萧欣为郡，伐之。言有大蛇从树腹中坠下，大数围，长三丈，群小蛇数十，随入南山，声如风雨。伐树之前，见梦于欣，欣不以厝意[⑥]，及伐之，更少日，果死。丹水又东迳南乡县北，兴宁末，太守王靡之改筑今城，城北半据在水中，左右夹涧深长，及春夏水涨，望若孤洲矣。城前有晋顺阳太守丁穆碑，郡民范宁立之。丹水迳流两县之间，历于中之北，所谓商于者也。故张仪说楚绝齐，许以商于之地六百里，谓以此矣。《吕氏春秋》曰：尧有丹水之战以服南蛮，即此水也[⑦]。又南合均水，谓之析口。

注释

①契（xiè）：古人名，中国商朝的祖先，传说是舜的臣，助禹治水有功而封于商。

②阸（è）：阻塞，艰危。阸道即险阻的道路。

③三户城：古城名，位于河南省淅川县西南，有专家认为故址在今淅川县大石桥乡柳家泉村附近。公元前491年晋执戎蛮子以畀楚师于此城。战国后期，属秦国，遂改三户为三户亭，属于商于邑。

④戍（shù）：军队防守。

⑤赪：红色。岫（xiù）：山。

⑥厝（cuò）意：注意，关心。

⑦南蛮：古称南方的民族及其居住的地方。

译文

契最初封于商，鲁连子说：商在太华山的南面。而皇甫谧、阚骃都认为在上洛商县。殷商这个名称，就起源于这里。丹水从商县往东南奔流，经过少习，流出武关。应劭说：武关就是秦时的南关，通南阳郡。《春秋左传·哀公四年》（前491），楚国左司马派遣使者对阴地的命大夫士蔑说：晋、楚是结盟国家，爱憎都是相同的，如果背信的话，我们就只好往少习山那边去，听候秦国的吩咐了。京相璠说：武关是楚国通上洛的险路。汉祖攻下析郦，又去攻打武关。文颖说：武关在析县西一百七十里，与弘农交界。丹水又往东南流入白口，经过边防营垒下，又往东南流，析水发源于析县西北弘农卢氏县的大蒿山，往南流经修阳县旧城北面。修阳县就是析县的北乡。析水往东流入析县境内，形成一个大水潭，称为龙渊，潭水清澈幽深，颇有灵异。《耆旧传》说：汉高祖入关后，经过这里观看水潭，见到水下仿佛有房屋。事情不是永久不变的，也就难以弄清楚了。析水又往东流经析县旧城北面，大概就是《春秋》里提到的白羽。《左传·昭公十八年》（前524），楚派遣王子胜把许迁到析，就指这个地方。郭仲产说：相传此城是汉高祖修筑的，其实不是，我查考过《史记》：楚襄王元年（前298），秦军出武关，杀了敌兵五万人，夺取了析十五个城。又提到汉高祖入关后，也曾攻下析郦，并没有说以前没有城，但汉高祖修过城却是可能的。析水又流经县城东面，王莽改名为君亭。析水往南流入丹水县，注入丹水。所以丹水与均水汇合处有析口的地名。丹水又往东南流经一个旧城南，叫三户城。从前汉高祖入关时，王陵在丹水起兵，投奔高祖，这个城可能是王陵修筑的。丹水又流经丹水县旧城西南，该县有个密阳乡，是古代商密的地方，从前楚国申息的军队就驻守在这里。也是《春秋》说到的三户。杜预说：县北面有个三户亭。《竹书纪年》说：壬寅日，孙何侵犯楚国，打进三户城，说的就是这地方。丹水里有一种红色的鱼，夏至前十天，夜里去守候，鱼在水岸边浮上来，红光四射像火一样，撒网捕捉，剖鱼用血涂在脚上，可以在水里行走，长期待在深潭中，丹水又从东南流到县南，黄水发源于北方芬山的黄谷，往南流经丹水县，往南注入丹水。黄水北有墨山，山上岩石全都呈黑色，光彩四射，黑如墨染，所以称为墨山。如今河南新安县有石墨山，也属于这一类。丹水南有丹崖山，山上全是浅红色的崖壁，巍然高耸，好像红霞映照天际，两山一黑一红，相映更为奇观了。丹水又往南流经南乡县旧城东北。汉朝建安年间（196—219），把南阳右边的辖地划为南乡郡，到晋朝时，封宣帝的孙子司马畅为顺阳王，就以旧地立为顺阳郡，南乡则是一个县。旧县治在酇城，永嘉年间（307 —313），丹水淹没酇城，到永和年间（345 —356），就把县治迁到南乡旧城。城南门外，从前在社庙旁原有一棵柏树，大三十围，萧欣当郡守时把它砍掉了。据说当时有一条大蛇从树洞中坠下，蛇身大数围，长三丈，一群小蛇约数十条跟着它爬进南山里，声音有如风雨。砍树以前，大蛇曾经托梦萧欣，但萧欣并不在意待砍倒树后，过不了几天，萧欣果然死了。丹水又往东流经南乡县北面。兴宁末年（365），太守王靡之改筑了今天这座城，城的北半部建在水中，左右两边夹在深深的溪涧之间，到了春夏水涨时，看上去就像一座孤洲。城的前面有晋朝顺阳太守丁穆碑，是郡民范宁所立。丹水流经两县之间，流过于中北面，就是所谓商于。昔日张仪劝说楚国与齐国绝交，答应将商于地区六百里割让给楚国，说的就是这里。《吕氏春秋》说：尧经过丹水之战，征服了南蛮，说的就是这支水。丹水又往南流，汇合了均水，汇流处称为析口。

汝 水

“汝水出河南梁县勉乡西天息山”条

原文

《地理志》曰：出高陵山，即猛山也。亦言出南阳鲁阳县之大盂山，又言出弘农卢氏县还归山。《博物志》曰：汝出燕泉山。并异名也①。余以永平中蒙除鲁阳太守②，会上台下列《山川图》，以方志参差，遂令寻其源流③。此等既非学徒④，难以取悉，既在迳见，不容不述。今汝水西出鲁阳县之大盂山蒙柏谷，岩鄣深高，山岫邃密⑤，石径崎岖，人迹裁交⑥，西即卢氏界也。其水东北流迳太和城西，又东流迳其城北，左右深松列植，�柏交荫⑦，尹公度之所栖神处也⑧。又东届尧山西岭下，水流两分，一水东迳尧山南，为滍水也。即《经》所言滍水出尧山矣。一水东北出为汝水，历蒙柏谷，左右岫壑争深⑨，山阜竞高，夹水层松茂柏，倾山荫渚，故世人以名也。津流不已，北历长白沙口，狐白溪水注之，夹岸沙涨若雪，因以取名。其水南出狐白川，北流注汝水，汝水又东北趣狼皋山者也。

注释

①异名：别称，别名。

②除：任命官职。

③方志：记述地方情况的史志。有全国性的总志和地方性的州郡府县志两类。总志如《山海经》、《大清一统志》。以省为单位的方志称“通志”，如《山西通志》，元以后著名的乡镇、寺观、山川也多有志，

如《南浔志》、《灵隐寺志》。方志分门别类，取材宏富，是研究历史及历史地理的重要资料。

④学徒：泛指读书人。

⑤岩鄣：即岩嶂，直如屏障的高山。邃密：幽深。

⑥人迹裁交：人的形迹寥落稀少。

⑦�柏：竹子与柏树。

⑧栖神：谓死后安息。

⑨岫（xiù）壑：山谷。

译文

《地理志》说：汝水发源于高陵山，就是猛山。也有人说发源于南阳鲁阳县大盂山，又说是发源于弘农卢氏县的还归山。《博物志》说：汝水发源于燕泉山。这都是山的异名。我在永平年间（508 – 512）受命出任鲁阳太守，上任时正逢上级长官下来，要求展示各地《山川图》，因地方志说法各不相同，就命我们探寻诸水的源流。参加工作的如不是专家，就很难获得详尽正确的情况，本人既是亲眼所见，就不得不作些具体的叙述了。汝水发源于西面鲁阳县大盂山的蒙柏谷，那一带重峦叠嶂，山高谷深，石径崎岖，人迹罕至，西边靠近卢氏县边界。汝水往东北流经太和城西，又往东流经城北，左右两岸青松成行，绿竹和翠柏枝叶相接，这是尹公度栖息修炼过的地方。汝水又往东流到尧山西岭下，分为两条。一条往东流往尧山南，叫滍水。《水经》说：滍水发源于尧山，指的就是这条水。另一条往东北流，就是汝水，流经蒙柏谷，两边幽谷争深，山峰竞高，溪流两岸都是密层层的青松，和绿沉沉的翠柏，浓荫覆盖着山上和水滨，因而人们称为蒙柏谷。山上的泉流滔滔不绝，往北流经长白沙口时，狐白溪水注入。溪水两岸流沙冲积洁白如雪，因而得名。狐白溪水发源于南面的狐白山，北流注入汝水，汝水又往东北流向狼皋山。

颍水

“又东南至新阳县北，蒗荡渠水从西北来注之”条

原文

《经》云蒗荡渠者，百尺沟之名别也。颍水南合交口新沟，自是东出。颍上有堰，谓之新阳堰，俗谓之山阳堨，非也。新沟自颍北东出，县在水北，故应劭曰：县在新水之阳。今县故城在东，明颍水不出其北，盖《经》误耳。颍水自堰东南流，迳项县故城北，《春秋·僖公十七年》，鲁灭项是矣。颍水又东，右合谷水，水上承平乡诸陂，东北迳南顿县故城南，侧城东注。《春秋左传》所谓顿迫于陈而奔楚，自顿徙南，故曰南顿也。今其城在顿南三十余里。又东迳项城中，楚襄王所郭，以为别都。都内西南小城，项县故城也，旧颍州治。谷水迳小城北，又东迳魏豫州刺史贾逵祠北。王隐言，祠在城北。非也。庙在小城东，昔王凌为宣王司马懿所执，届庙而叹曰：贾梁道，王凌魏之忠臣，惟汝有灵知之。遂仰鸩而死[①]。庙前有碑，碑石金生。干宝曰：黄金可采，为晋中兴之瑞。谷水又东流出城，东注颍。颍水又东，侧颍有公路城，袁术所筑也，故世因以术字名城矣。颍水又东迳临颍城北，城临水阙南面，又东迳云阳二城间，南北翼水，并非所具。又东迳丘头，丘头南枕水，《魏书·郡国志》曰：宣王军次丘头，王凌面缚水次[②]，故号武丘矣。颍水又东南流，于故城北，细水注之，水上承阳都陂，陂水枝分，东南出为细水。东迳新阳县故城北，又东南迳宋县故城北，县，即所谓郭丘者也。秦伐魏取郭丘，谓是邑矣。汉成帝绥和元年，诏封殷后于沛，以存三统[③]。平帝元始四年，改曰宋公。章帝建初四年，徙邑于此，故号新郭，

为宋公国也，王莽之新延矣。细水又南迳细阳县，新沟水注之。沟首受交口，东北迳新阳县故城南，汉高帝六年，封吕青为侯国，王莽更名曰新明也。故应劭曰：县在新水之阳，今无水，故渠旧道而已。东入泽渚而散流入细。细水又东南迳细阳县故城南，王莽更之曰乐庆也。世祖建武中，封岑彭子遵为侯国。细水又东南，积而为陂，谓之次塘，公私引裂，以供田溉。又东南流，屈而西南入颍。《地理志》曰：细水出细阳县，东南入颍。颍水又东南流迳胡城东，故胡子国也。《春秋·定公十五年》楚灭胡，以胡子豹归是也。杜预《释地》曰：汝阴县西北有胡城也。颍水又东南，汝水枝津注之，水上承汝水别渎于奇洛城东三十里，世谓之大隐水也。东南迳召陵县故城南，《春秋左传·僖公四年》，齐桓公师于召陵，责楚贡不入，即此处也[4]。城内有大井，径数丈，水至清深。阚骃曰：召者，高也。其地丘墟[5]，井深数丈，故以名焉。又东南迳征羌县，故召陵县之安陵乡安陵亭也。世祖建武十一年，以封中郎将来歙，歙以征定西羌功，故更名征羌也。阚骃引《战国策》以为秦昭王欲易地，谓此，非也。汝水别渎又东迳公路台北，台临水，方百步，袁术所筑也。汝水别沟又东迳西门城，即南利也，汉宣帝封广陵厉王子刘昌为侯国。县北三十里有孰城，号曰北利，故渎出于二利之间，间关女阳之县，世名之死汝县，取水名，故曰女阳也。又东迳南顿县故城北，又东南迳鲖阳城北，又东迳郧乡城北，又东迳固始县故城北，《地理志》：县，故寝也。寝丘在南，故藉丘名县矣。王莽更名之曰闰治。孙叔敖以土浸薄，取而为封，故能绵，城北犹有《叔敖碑》。建武二年，司空李通又慕叔敖受邑，故光武以嘉之，更名固始。别汝又东迳蔡冈北，冈上有平阳侯相蔡昭冢。昭字叔明，周后稷之胄，冢有石阙，阙前有二碑，碑字沦碎，不可复识，羊虎倾低，殆存而已。枝汝又东北流迳胡城南，而东历女阴县故城西北，东人颍水。颍水又东迳女阴县故城北，《史记·高祖功臣侯者年表》曰：高祖六年，封夏侯婴为侯国，王莽更名之曰汝坟也。县在汝水之阴，故以汝水纳称。城西有一城，故陶丘乡也，汝阴郡治。城外东北隅有旧台翼城若丘，俗谓之女郎台，虽经颓毁，犹自广崇[6]。上有一井，疑故陶丘乡，所未详。

注释

①仰鸩：饮毒酒。

②面缚：双手反绑于背而面向前。古代用以表示投降。

③三统：指夏、商、周三代的正朔。夏正建寅为人统，商正建丑为地统，周正建子为天统。亦谓之三正。

④楚贡：《左传·僖公四年》载，齐伐楚，管仲责楚不向周室纳贡苞茅，曰："尔贡苞茅不入，王祭不共，无以缩酒，寡人是徵。"茅，指菁茅。后因以"楚贡"称菁茅。亦泛指贡物。

⑤丘墟：山陵之地。

⑥女郎台：女郎台现在颍州西湖之畔，是一座高出地表约五米，方园约四百米的大土堆，被当地群众称花孤堆。

译文

《水经》说蒗荡渠是百尺沟的别名。颍水往南流，汇合交口，新沟从这里向东分支流出。颍水上有堰，称为新阳堰，俗称山阳堨，是错误的。新沟从颍水北岸向东流出，新阳县在新沟水以北，所以应劭说：新阳县在新水之阳。今天旧县城在东边，显然颍水不可能流经该县北边，大概《水经》是搞错了。颍水从新阳堰往东南流经项县旧城北边。《春秋·僖公十七年》（前643），鲁国灭了项国。颍水又东流，右边与谷水汇合，谷水上源承接平乡诸陂，往东北流经南顿县旧城南边，从城旁向东流去。《春秋左传》说，顿受到陈的胁迫而投奔楚国，从顿南迁，所以称南顿。现在此城在顿南三十余里。水又往东流经项城中，楚襄王修筑外城，把项城作为别都。都内西南的小城就是项县的旧城，从前是颍州的治所。谷水流经小城北边，又往东流经魏豫州刺史贾逵祠北。王隐说，祠在城北。说得不对。庙在小城东面，从前王凌被宣王司马懿抓住，到了此庙叹息道：贾梁道啊，王凌是魏的忠臣，只有你有灵才知道我啊。于是就饮毒酒而死。庙前有一块石碑，碑石上生出黄金。干宝说：黄金能采下来，这是晋朝中兴的吉祥征兆。谷水又东流出城，往东注入颍水。颍水又东流，岸边有公路城，是袁术所筑，所以世人用袁术的字命名。颍水又往东流经临颍城北边，此城濒水，南面没有城墙，又往东流经云阳二城之间，二城位于颍水南北两岸，城墙都不完全。颍水继续往东流经丘头，丘头南面濒水，《魏书·郡国志》说：宣王军队驻扎丘头，王凌在颍水旁自缚投降，所以又称武丘。颍水又往东南流，在旧城北边，细水注入，细水上流承接阳都陂，陂水分支流出，往东南流的就是细水。往东流经新阳县旧城北边，又往东南流经宋县旧城北边，宋县就是所谓郪丘。秦国进攻魏国，夺取了郪丘，说的就是这座城。汉成帝绥和元年（前8），下诏将沛封给殷的后代，以便保存三统。平帝元始四年（4），改称宋公。章帝建初四年（79），把封邑迁到这里，因此称新郪，是宋公国，就是王莽时的新延。细水又往南流经细阳县，新沟水在此注入。新沟水上口承接交口，往东北流经新阳县旧城南边，汉高帝六年（前201），把这地方封给吕青，立为侯国，王莽时改名为新明。所以应劭说：新阳县在新水之阳，现在已经无水，只不过还留有旧渠道而已。新沟水往东注入沼泽，然后散流汇入细水。细水又往东南流经细阳县旧城南边，王莽改名为乐庆。世祖建武年间（25—56），把这地方封给岑彭的儿子岑遵，立为侯国。细水又往东南流，积水成为陂塘，称为次塘，公田和私田都开渠引水灌溉。又往东南流，拐弯转向西南注入颍水。《地理志》说：细水发源于细阳县，往东南注入颍水。颍水又往东南流经胡城东边，这里从前是胡子国。《春秋·定公十五年》（前495），楚国灭了胡子国，俘获胡子豹回来。杜预《释地》说：汝阴县西北有胡城。颍水又往东南流，汝水支流注入，这条支流上流承接奇洛城东三十里的汝水分支，世人称为大隐水。此水往东南流经召陵县旧城南边，《春秋左传·僖公四年》（前656），齐桓公率军到了召陵，责问楚国不纳贡赋，就在这里。城内有一口大井，直径数丈，水极清幽。阚骃说：召，是高的意思。这一带空寂荒凉，有数丈深的大井，所以名为召陵。此水又往东南流经征羌县，这是从前召陵县的安陵乡，就是安陵亭。世祖建武十一年（35），把这里封给中郎将来歙，来歙因出征定西羌有功，所以改地名为征羌。阚骃引《战国策》认为秦昭王想调换土地而改名，其实不是如此。汝水支流又往东流经公路台北边，此台临水，方圆百步，是袁术所筑。汝水支流又往东流经西门城，就是南利，汉宣帝将这地方封给广陵厉王的儿子刘昌，立为侯国。县北三十里有孰城，又称北利。旧河道穿过南利和北利之间，辗转流经女阳县，世人称为死汝。该县是因水取名的，所以叫女阳。又往东流经南顿县旧城北边，又往东南流经鲖阳城北边，又往东流经郳乡城北边，又往东流经固始县旧城北边，《地理志》说：固始县是从前的寝。因为寝丘在县南，所以按丘名来取县名。王莽时改名为闰治。孙叔敖因为这里地表湿润，领了它作为封地，所以能使后代绵延不绝，城北还有叔敖碑。建武二年（26），司空李通也敬慕孙叔敖，领受这地方为封邑，所以光武帝嘉奖他，并改地名为固始。汝水支流又往东流经蔡冈北边，冈上有平阳侯宰相蔡昭的坟墓。蔡昭字叔明，是周朝先祖后稷的后代，坟墓有石网，石网前有两块石碑，碑上文字已剥蚀破碎，不能辨认了，墓前的石羊石虎也已倾倒，只不过地基还在罢了。汝水支流又往东北流经胡城南边，又往东流经女阴县旧城西北，往东注入颍水。颍水又往东流经女阴县旧城北边，《史记·高祖功臣侯者年表》说：高祖六年（前201），把这地方封给夏侯婴，立为侯国，王莽改名为汝坟。该县在汝水南面，是因汝水而得名的。城西有一座城，是从前的陶丘乡，也是汝阴郡的治所。城外东北角有座旧台，靠着城边，像小丘一样，俗称女郎台，虽然已经颓毁，但旧基还很高大。上面还有一口井，推想起来可能这就是以前的陶丘乡，但不很清楚。

洧　水

“洧水出河南密县西南马领山”条

原文

水出山下。亦言出颍川阳城山，山在阳城县之东北，盖马领之统目焉。洧水东南流，迳一故台南，俗谓之阳子台。又东迳马岭坞北，坞在山上，坞下泉流北注，亦谓洧别源也，而入于洧水。洧水东流，绥水会焉，水出方山绥溪，即《山海经》所谓浮戏之山也。东南流，迳汉弘农太守张伯雅墓，茔域四周，垒石为垣，隅阿相降①，列于绥水之阴，庚门表二石阙，夹对石兽于阙下。冢前有石庙，列植三碑，碑云：德字伯雅，河南密人也。碑侧树两石人，有数石柱及诸石兽矣。旧引绥水南人茔域，而为池沼，沼在丑地，皆蟾蠩吐水②，石隍承溜③。池之南，又建石楼、石庙，前又翼列诸兽。但物谢时沦④，凋毁殆尽，夫富而非义，比之浮云⑤，况复此乎？王孙、士安，斯为达矣。绥水又东南流迳上郭亭南，东南注洧。洧水又东，襄荷水注之。水出北山子节溪，亦谓之子节水，东南流注于洧。洧水又东会沥滴泉，水出深溪之侧，泉流丈余，悬水散注，故世士以沥滴称，南流入洧水也。

注释

①隅（yú）阿：弯曲。

②蟾蠩（chán zhū）：同“蟾蜍”，本处指形似蟾蜍的器物，古建筑的承溜装置。

③石隍：石砌的濠沟。

④物谢时沦：指随着时光的更替事物都已经发生了变化。

⑤浮云：比喻飘忽不定，未有定处。

译文

洧水发源于马领山下。也有说发源于颍川阳城山，阳城山在阳城县东北，是包括马领山在内的总山名。洧水往东南流经一座旧台南边，俗称阳子台。又往东流经马领坞北边，这个坞在山上，坞下的山泉往北流，有人说这是洧水的另一个源头，注入洧水。洧水东流，绥水汇入，绥水发源于方山绥溪，就是《山海经》所说的浮戏之山。水往东南流经汉时弘农太守张伯雅墓，墓地四周用石块砌成围墙，沿山坡巡通而下，坐落在绥水的南岸。西门有两座石阙，石阙两边有两只石兽，墓前有石庙，排着三块石碑。碑文上说：张德字伯雅，河南密县人。碑旁立着两座石人，还有几根石柱和一些石兽。从前引了绥水往南流入墓园，蓄水造成池沼，池在墓园中央，池上有石雕蛤蟆吐水，泻入石池中。池沼南面又建了石楼、石庙，前面两旁排列着各种石兽。但因年代久远，物换星移，差不多都已风化剥蚀了。不义而来的富贵，正如烟云过眼，好景不常，更何况这些东西呢？杨王孙裸葬，皇甫士以竹席裹尸，可说旷达了。绥水又往东南流经上郭亭南，往东南注入洧水。洧水又东流，襄荷水注入。襄荷水发源于北山子节溪，也称子节水，往东南流，注入洧水。洧水又往东流，汇合了沥滴泉水，此水从深溪旁流出，从一丈多高的岩头散流而下，所以文人把它称为沥滴泉，南流注入洧水。

获　水

“又东至彭城县北，东入于泗”条

原文

获水自净净沟东迳阿育王寺北①，或言楚王英所造，未所详也。盖遵育王之遗法，因以名焉。与安陂水合，水上承安陂余波，北迳阿育王寺，侧水上有梁，谓之玄注桥。水旁有石墓，宿经开发，石作工奇，殊为壮构，而不知谁冢，疑即澄之所谓凌冢也。水北流注于获②。获水又东迳弥黎城北，刘澄之《永初记》所谓城之西南有弥黎城者也。获水于彭城西南回而北流，迳彭城，城西北旧有楚大夫龚胜宅，即楚老哭胜处也。获水又东转迳城北而东注泗水，北三里有石冢被开，传言楚元王之孙刘向冢，未详是否。城即殷大夫老彭之国也。于春秋为宋地，楚伐宋并之，以封鱼石。崔子季珪《述初赋》曰：想黄公于邳圯③，勤鱼石于彭城。即是县也。孟康曰：旧名江陵为南楚，陈为东楚，彭城为西楚。文颖曰：彭城，故东楚也。项羽都焉，谓之西楚。汉祖定天下，以为楚郡，封弟交为楚王，都之。宣帝地节元年，更为彭城郡，王莽更之曰和乐郡也，徐州治。城内有汉司徒袁安、魏中郎将徐庶等数碑，并列植于街右，咸曾为楚相也。大城之内有金城，东北小城，刘公更开广之，皆垒石高四丈，列堑环之④。小城西又有一城，是大司马琅邪王所修，因项羽故台，经始即构，宫观门阁，惟新厥制。义熙十二年，霖雨骤澍⑤，汲水暴长，城遂崩坏，冠军将军彭城刘公之子也，登更筑之⑥。悉以埼垒⑦，宏壮坚峻，楼橹赫奕，南北所无⑧。宋平北将军徐州刺史河东薛安都举城归魏，魏遣博陵公尉苟仁、城阳公孔伯恭援之，邑阁如初，观不异昔。自后毁撤，一时俱尽。问遗工雕镂，尚存龙云逞势，奇为精妙矣。城之东北角起层楼于其上，号曰彭祖楼。《地理志》曰：彭城县，古彭祖国也。《世本》曰：陆终之子，其三曰篯，是为彭祖。彭祖城是也，下曰彭祖冢。彭祖长年八百，绵寿永世，于此有冢，盖亦元极之化矣。其楼之侧，襟汲带泗，东北为二水之会也。耸望川原，极目清野，斯为佳处矣。

注释

①阿育王：梵语。或译作 阿输迦 。意为 无忧王 。为古印度名王 旃陀罗笈多 之孙，宾头沙罗 之子，初奉婆罗门教，后皈依佛教，崇佛教为国教。颁布许多以佛教治国的敕令，刻在山岩或石柱上，并派人到国外传教，对以后佛教的发展有很大影响。

②宿：过去，从前。

③黄公：指黄石公，秦末汉初五大隐士之一。《史记·留侯世家》称其避秦乱隐居于东海下邳。

④壍（qiàn）：古同堑。防御用的壕沟，护城河。

⑤霖雨骤澍（shù）：突降连绵暴雨。

⑥冠军将军：军事职官名称，杂号将军之一。

⑦塼（zhuān）垒：用砖堆砌。塼：古同砖。

⑧楼橹：亦作“ 楼樐”。古代军中用以瞭望、攻守的无顶盖的高台。建于地面或车、船之上。

译文

获水从净净沟往东流经阿育王寺北面，有人说这座寺院是楚王英建造的，但不很清楚。因为寺里倡导阿育王的遗法因而得名。获水与安陂水汇合，安陂水上流承接安陂的余水，往北流经阿育王寺旁，水上有一座桥，叫做玄注桥。岸边有一座石墓，早年被开掘过，墓石雕砌得很精致奇巧，是一座十分壮观的建筑，但不知是谁的坟墓，怀疑就是刘澄所说的凌的坟墓。安陂水往北流，注入获水。获水又往东流经弥黎城北面，刘澄之《 永初记》提到，城的西南有弥黎城。获水在彭城西南转弯往北流，经过彭城，城西北从前有楚大夫龚胜故居，就是楚国老父哭吊龚胜的地方。获水又向东转，流经城北，向东注入泗水，城北三里有座石墓被掘过，传说是楚元王孙刘向墓，不知是否确实。彭城就是殷大夫老彭的封国。春秋时是宋国的地方，楚国征伐宋国，兼并了此城，把它封给鱼石。崔季珪《述初赋》说：在邳圯怀想黄石公，把彭城封给鱼石。指的就是这个县城。孟康说：过去称江陵为南楚，陈为东楚，彭城为西楚。文颖说：彭城，过去属东楚。项羽在这里建都后称为西楚。汉高祖平定天下，把这里立为楚郡，封他的弟弟刘交为楚王，建都彭城。宣帝地节元年（前69），改为彭城郡，王莽时又改名为和乐郡，是徐州的治所。城内有汉朝司徒袁安、魏中郎将徐庶等几座石碑，在街道的右面排成一行，他们都曾当过楚国的垂相。大城里有一座金城，东北面有一座小城，刘公改建扩大了范围，城墙都用石块垒砌，高四丈，周围城壕环绕。小城西面又有一座城，是大司马琅邪王所修建，此城利用从前项羽的老台经营构筑，建造了宫殿和门阁，重新恢复建筑的规模。义熙十二年（46），忽然下了一场大雨，汲水暴涨，城也崩塌毁坏了，冠军将军是彭城刘公的儿子，又重新修筑了城墙。新修的城墙全都用砖垒砌，宏伟壮观，十分坚固，城头的瞭望台瑰丽堂皇，无论南方北方都没有看到过。宋平北将军、徐州刺史河东薛安都，率全城军民归降于魏，魏派遣博陵公尉苟仁、城阳公孔拍恭援助他，全城完好无损，和先前一样壮丽。但以后却被拆毁，昔日的雄姿，也一旦化为乌有，只有局部地方留下一些精致的雕刻，龙腾云飞气势不凡，真雕得十分精妙。东北角城上建造了一座城楼，叫彭祖楼。《地理志》说：彭城县就是古时彭祖的封国。《世本》说：陆终的第三个儿子名叫籛，就是彭祖。他之所以被称为彭祖，是因为封于彭城的缘故。楼下是彭祖墓。彭祖活到八百岁，是极长寿的了，但这里有他的坟墓，大概也是无穷天地间的一种物化现象。汲水和泗水紧贴着彭祖楼旁流过，楼的东北面，就是这两条水的汇流处。登楼眺望，蜿蜒的川流，坦荡的原野一望无际，是一个登高揽胜的好地方。

泗　水

“西南过鲁县北”条

原文

泗水又西南流，迳鲁县分为二流，水侧有一城，为二水之分会也，北为洙渎。《春秋·庄公九年》，《经》书，冬，浚洙。京相璠、服虔、杜预，并言洙水在鲁城北，浚深之为齐备也。南则泗水。夫子教于洙、泗之间，今于城北二水之中，即夫子领徒之所也。《从征记》曰：洙、泗二水交于鲁城东北十七里，阙里背洙面泗，南北百二十步，东西六十步，四门各有石阃①，北门去洙水百步余。后汉初，阙里荆棘自辟，从讲堂至九里②。鲍永为相，因修飨祠，以诛鲁贼彭丰等。郭缘生言：泗水在城南，非也。余按《国语》，宣公夏滥于泗渊，里革断罟弃之。韦昭云：泗在鲁城北。《史记》、《冢记》、王隐《地道记》，咸言葬孔子于鲁城北泗水上，今泗水南有夫子冢③。《春秋孔演图》曰：鸟化为书，孔子奉以告天，赤爵衔书，上化为黄玉。刻曰：孔提命，作应法，为赤制。《说题辞》曰：孔子卒，以所受黄玉葬鲁城北，即子贡庐墓处也④。谯周云：孔子死后，鲁人就冢次而居者，百有余家，命曰孔里。《孔丛》曰：夫子墓茔方一里，在鲁城北六里泗水上，诸孔氏封五十余所，人名昭穆，不可复识，有铭碑三所，兽碣具存⑤。《皇览》曰：弟子各以四方奇木来植，故多诸异树，不生棘木刺草。今则无复遗条矣。泗水自城北南迳鲁城，西南合沂水。沂水出鲁城东南尼丘山西北，山即颜母所祈而生孔子也。山东十里有颜母庙，山南数里，孔子父葬处。《礼》所谓防墓崩者也。平地发泉，流迳鲁县故城南，水北东门外，即爰居所止处也。《国语》曰：海鸟曰爰居，止于鲁城东门之外三日，臧文仲祭之，展禽讥焉。故《庄子》曰：海鸟止郊，鲁侯觞之，奏以广乐，具以太牢，三日而死，此养非所养矣。门郭之外，亦戎夷死处，《吕氏春秋》曰：昔戎夷违齐如鲁，天大寒而后门，与弟子宿于郭门外，寒愈甚，谓弟子曰：子与我衣，我活；我与子衣，子活。我国士也，为天下惜，子不肖人，不足爱。弟子曰：不肖人恶能与国士并衣哉？戎叹曰：不济夫。解衣与弟子，半夜而死。沂水北对稷门，昔圉人荦有力，能投盖于此门。服虔曰：能投千钧之重过门之上也。杜预谓走接屋之桷，反覆门上也。《春秋·僖公二十年》，《经》书：春，新作南门。《左传》曰：书不时也。杜预曰：本名稷门，僖公更高大之，今犹不与诸门同，改名高门也。其遗基犹在地八丈余矣，亦曰雩门。《春秋左传·庄公十年》，公子偃请击宋师，窃从雩门蒙皋比而出者也。门南隔水，有雩坛，坛高三丈，曾点所欲风舞处也。高门一里余道西，有《道儿君碑》，是鲁相陈君立。昔曾参居此，枭不入郭。

注释

①石阃（kǔn）：石门槛。阃：特指城郭的门槛。

②九里：《水经注疏》作“孔里”。注：“朱孔讹作九，戴、赵同。会贞按：《东观汉记》作孔里，此九与孔形近致误。《孔子世家》，孔子葬，弟子及鲁人往从冢而家者，百有余室，因命曰孔里。”

③夫子冢：即孔子墓。现位于山东省曲阜市孔林中偏南地段。封土东西30米，南北28米，高5米。墓前石碑二通。前碑篆书“大成至圣文宣王墓”是明正统八年（公元1443年）黄养正书。后碑篆书“宣圣墓”三个字，墓前的石台，初为汉修，唐时改为泰山运来的封禅石筑砌，清乾隆时又予扩大。碑前有石供案、下酒池和石砌拜台以及砖砌花棂围墙等。

④子贡庐墓：端木赐，字子贡，是孔子的弟子。在孔子众多的弟子之中，端木赐是最为神采飞扬的一位。孔子死后，弟子们守墓三年，相继离去，只有子贡又守了三年。后人为纪念他，便在孔子墓西侧的子贡

守墓处建了三间西屋，立碑题“子贡庐墓处”。

⑤昭穆：古代宗法制度，宗庙或宗庙中神主的排列次序，始祖居中，以下父子（祖、父）递为昭穆，左为昭，右为穆。

译文

泗水又往西南流，经过鲁县分为两条，水旁有一座城，是两水分流之处。北面的一条就是洙渎。《春秋·庄公九年》（前685），《经》记载，那年冬天，疏浚河道。京相璠、服虔、杜预都说洙水在鲁城北面，疏浚河道是为防备齐国。南支叫泗水。孔夫子在洙水和泗水之间执教，今天城北两水中间，就是当年孔夫子带领学生的地方。《从征记》说：洙水和泗水在鲁城东北十七里处相汇，阙里背靠洙水，面临泗水，南北一百二十步，东西六十步，四面城门都有石门槛，北门离洙水百余步。后汉初期，阙里的荆棘开始被清除，从孔夫子的讲堂到九里。当时鲍永任宰相，于是在阙里修建了飨祠，将鲁贼彭丰等人处死。郭缘生说：泗水在城南，这是错误的。我查考过《国语》，夏天宣公在泗渊撒网捕鱼，里革割断鱼网，把它丢了。韦昭说：泗水在鲁城北面。《史记》、《家记》、王隐《地道记》都说孔子安葬在鲁城北面的泗水上，今天泗水南面有孔子墓。《春秋孔演图》说：鸟变成了书，孔子捧着书向上天祷告，有一只红雀飞到书上，变成一块黄玉。上面刻着：孔子受命于天，编制法规，确定制度。《说题辞》说：孔子死后，人们把他得到的那块黄玉一起陪葬在鲁城北面，就是子贡守墓的小屋所在的地方。谯周说：孔子死后，鲁国人在孔子墓边居住的有百余家，以后这里就称为孔里。《孔丛》说：孔夫子的墓地方圆一里，在鲁城北面六里的泗水畔，孔氏宗族的坟墓共五十余座，人名辈份已辨别不清，有墓碑三块，各种石兽石碣还在。《皇览》说：孔子的弟子们从各地把珍奇的树苗带来种植，因而墓地上有许多异树，不生荆棘和刺草。但今天，那些树木一棵也没有了。泗水从城北往南流经鲁城西南，与沂水汇合。沂水发源于鲁城东南，尼丘山西北，颜母曾在此山祈祷，于是生了孔子。山的东面十里，有颜母庙，山的南面数里，是孔子父亲安葬处。《礼》所说的防山之墓已崩塌，就指这地方。这里平地冒出泉水，流经鲁县旧城南面，溪水北岸、旧城东门外，就是爰居所停息过的地方。《国语》说：海鸟叫爰居，停息在鲁城东门外三天，臧文仲去祭它，被展禽所讥讽。所以《庄子》说：海鸟停息在郊外，鲁侯拿酒给它喝，准备了三牲，奏起广乐，三日后海鸟死了，这是因为奉养的方式不适合所奉养的对象。城门外是戎夷死的地方，《吕氏春秋》说：昔日戎夷离开齐国投奔鲁国，当时天气十分寒冷，到鲁时，城门已经关闭了，就与弟子宿在城门外，越来越冷了，戎夷对弟子说：你把衣服给我穿，我活；我把衣服给你穿，你活。我是国家的人才，受到天下人的珍惜，你是没有用的人，不值得怜爱。弟子说：没用的人怎能与国家的人才共穿衣服呢？戎夷叹道：哎，不成了。就解下衣服给弟子穿，自己在半夜里冻死了。沂水北对稷门。从前有个养马人名荦，力气很大，能把车盖投过此门。服虔说：能把千斤重物从门上投过。杜预说能把架屋顶的木桷反复从城门上掷过。《春秋》：僖公二十年，《经》记载，春，新建了南门。《左传》说：记载这件事，是因为兴工不合时宜。杜预说：原名叫稷门，僖公把门改造得更高大，今天此门还是与各门都不相同，改名叫高门。城门的遗址还在，占地八丈余，也称雩门。《春秋左传·庄公十年》（前684），公子偃要求攻击宋军，蒙着虎皮偷偷从雩门出城。雩门的南面，隔水有个祭坛，坛高三丈，就是曾点想唱歌乘凉的地方。距高门一里余的大路西边，有道儿君碑，是鲁国宰相陈君所立。从前曾参住在这里，坏人都不入城了。

原文

县，即曲阜之地，少昊之墟，有大庭氏之库，《春秋》竖牛之所攻也。故刘公干《鲁都赋》曰：戢武器于有炎之库，放戎马于巨野之垧。周成王封姬旦于曲阜，曰鲁。秦始皇二十三年，以为薛郡，汉高后元年，为鲁国。阜上有季氏宅，宅有武子台，今虽崩夷，犹高数丈。台西百步有大井，广三丈，深十余丈，以石垒之，石似磬制①。《春秋·定公十二年》，公山不狃帅费人攻鲁，公人季氏之宫，登武子之台也，台之西北二里有周公台，高五丈，周五十步，台南四里许则孔庙，即夫子之故宅也。

宅大一顷，所居之堂，后世以为庙。汉高祖十三年过鲁，以太牢祀孔子。自秦烧《诗》、《书》，经典沦缺，汉武帝时鲁恭王坏孔子旧宅，得《尚书》、《春秋》、《论语》、《孝经》。时人已不复知有古文，谓之科斗书，汉世秘之，希有见者。于时闻堂上有金石丝竹之音，乃不坏②。庙屋三间，夫子在西间，东向；颜母在中间，南面；夫人隔东一间，东向。夫子床前有石砚一枚，作甚朴，云平生时物也。鲁人藏孔子所乘车于庙中，是颜路所请者也。献帝时，庙遇火烧之。永平中，钟离意为鲁相，到官，出私钱万三千文，付户曹孔诉，治夫子车，身入庙，拭几席、剑履。男子张伯除堂下草，土中得玉璧七枚，伯怀其一，以六枚白意。意令主簿安置几前。孔子寝堂床首有悬瓮，意召孔诉问：何等瓮也③？对曰：夫子瓮也，背有丹书，人勿敢发也④。意曰：夫子圣人，所以遗瓮，欲以悬示后贤耳。发之，中得素书。文曰：后世修吾书，董仲舒；护吾车、拭吾履、发吾笥，会稽钟离意；璧有七，张伯藏其一。意即召问伯，果服焉。魏黄初元年，文帝令郡国修起孔子旧庙，置百石吏卒，庙有夫子像，列二弟子，执卷立侍，穆穆有询仰之容。汉魏以来，庙列七碑，二碑无字，栝柏犹茂。庙之西北二里，有颜母庙，庙像犹严，有修栝五株。孔庙东南五百步，有双石阙，即灵光之南阙，北百余步即灵光殿基，东西二十四丈，南北十二丈，高丈余，东西廊庑别舍，中间方七百余步，阙之东北有浴池，方四十许步，池中有钓台，方十步，台之基岸，悉石也，遗基尚整。故王延寿《赋》曰：周行数里，仰不见日者也。是汉景帝程姬子鲁恭王之所造也。殿之东南，即泮宫也⑤，在高门直北道西，宫中有台，高八十尺，台南水东西百步，南北六十步，台西水南北四百步，东西六十步，台池咸结石为之，《诗》所谓思乐泮水也。沂水又西迳圜丘北，丘高四丈余。沂水又西流，昔韩雉射龙于斯水之上。《尸子》曰：韩雉见申羊于鲁，有龙饮于沂。韩雉曰：吾闻之，出见虎搏之，见龙射之，今弗射，是不得行吾闻也。遂射之。沂水又西，右注泗水也。

注释

①磬：古代打击乐器，形状像曲尺，用玉、石制成，可悬挂。

②金石丝竹：指钟、磬、琴瑟、箫管四类乐器。亦泛称各种乐器。

③瓮：一种盛水或酒等的陶器。

④丹书：道教语。即丹书墨箓。指以墨书写符文的朱漆之简。泛指炼丹之书，道教经书。

⑤泮宫：西周诸侯所设大学。一说，泮宫为春秋鲁僖公筑于泮水边的宫室。是僖公饮酒作乐、演武庆功之所。汉代始以之为诸侯的学宫，后人遂因袭汉说。

译文

鲁县就在曲阜一带，是少昊都城所在之处，有大庭氏的仓库，是《春秋》竖牛进攻的地方。所以刘公干《鲁都赋》说：收起武器藏在炎帝之库，放牧战马在巨野之郊。周成王把曲阜封给姬旦，称为鲁。秦始皇二十三年（前224），立为薛郡，汉高后元年（前187），这里是鲁国。小丘上有季氏的住宅，宅里有一个武子台，今天虽已崩塌，但还高数丈。台的西面一百步有一口大井，宽三丈，深十余丈，用石块垒砌，石块都好像磬的形状。《春秋·定公十二年》（前498），公山不狃率领费人进攻鲁国，定公进入季氏之宫，登上武子之台。台的西北面二里处有周公台，高五丈，周围五十步，台的南面约四里就是孔庙，就是孔夫子的故居。故居范围约一顷，他住过的厅堂后世改建成庙。汉高祖十三年（前194）经过鲁，用三牲祭祀孔子。自从秦始皇焚烧《诗经》《尚书》后，经典散失残缺，汉武帝时，鲁恭王拆毁孔子旧宅，获得《尚书》《春秋》《论语》《孝经》等书。当时人们已不知道还有古文，称为科斗书，汉时把它秘藏起来，很少有人见过这种文字。当时从堂上传来钟磬管弦之音，于是就停止拆屋。庙屋有三间，孔夫子住在西间，朝东；颜母在中间，朝南；夫人在东面隔一间，朝东。孔夫子床前有石砚一枚，制作很简朴据说是他生时常用之物。鲁人把孔子乘过的车藏在庙中，就是颜路请求给颜回做棺材的车。汉献帝时，庙遭火灾烧毁了。永平年间（291），钟离意当鲁国宰相，上任时，拿出自己的钱一万三千文，付给户曹孔诉，要他整修孔子的车，他亲自入庙，擦拭孔夫子的旧物：几、席、佩剑和鞋子。有个叫张伯的男子在堂下割草时，在土中发现玉璧七枚，把一枚藏在怀里，拿了六枚去察告钟离意。钟离意叫主簿把玉璧放在几前。孔子卧室床头挂着一只瓮，钟离意叫来孔诉问：这瓮是干吗的？孔诉回答：这是夫子的瓮，背后有朱砂写的红字，人们都不敢打开。钟离意说：夫子是圣人，他之所以留下这个瓮，是想启示后世的贤人。开瓮后，里面有一块白绢。上面写着：后世编纂我的书的，是董仲舒；保护我的车，擦我的鞋、开我的箱的，是会稽钟离意；玉璧有七枚，张伯藏了一枚。钟离意立即叫来张伯询问，张伯果然供认了。魏黄初元年（220），文帝令郡国修建孔子旧庙，设置年俸百石的吏卒，专门负责管理，庙里有孔夫子像，旁边有两个弟子，手执书卷，站着侍侯他，神色肃穆恭敬，似乎在向他请教的样子。汉、魏以来，庙里立有七块碑，两块碑无字，庙旁栝树柏树至今还很茂盛。庙的西北二里处，有颜母庙，庙像还很严整，庙里有五株长长的栝树。孔子庙东南面五百步，有一对石阙，就是灵光殿的南阙，北面百余步就是灵光殿旧址，东西二十四丈，南北十二丈，高一丈余，东西两边是廊屋，中间方七百余步，石阙东北面有一个浴池，方约四十步，池中有个钓台，方十步，台基和岸边都是用石头砌成，遗基还较完整。所以王延寿作赋说：绕行数里，仰头不见天日。这是汉景帝程姬的儿子鲁恭王修筑的。殿的东南面，就是泮水边的宫室，在高门正北的大路西边，宫中有台，高八十尺，台南水池东西一百步，南北六十步，台西水池南北四百步，东西六十步，台池都用石块结砌，这就是《诗经》所谓的在泮水之畔多么快乐。沂水又往西流经圜丘北面，丘高四丈余。沂水又往西流，从前韩雉在这条水上射过龙。《尸子》说：雉难在鲁与申羊见面，有一条龙在沂水上饮水。韩雉说：我听人们说过，出外见到虎，就打死它，见到龙，就用箭射，今天如果不射，就是没有照我听到的做了。说着就用箭射龙。沂水又往西流，从右面注入泗水。

“又西过瑕丘县东，屈从县东南流，漷水从东来注之”条

瑕丘，鲁邑，《春秋》之负瑕矣。哀公七年，季康子伐邾[①]，囚诸负

瑕是也。应劭曰：瑕丘在县西南。昔卫大夫公叔文子升于瑕丘，蘧伯玉从。文子曰：乐哉斯丘，死则我欲葬焉。伯玉曰：吾子乐之，则瑗请前。刺其欲害民良田也。瑕丘之名，盖因斯以表称矣。曾子吊诸负夏，郑玄、皇甫谧并言卫地。鲁、卫虽殊，土则一也。漷水出东海合乡县，汉安帝永初七年，封马光子朗为侯国。其水西南流入邾。《春秋·哀公二年》，季孙斯伐邾取漷东田及沂西田是也。漷水又迳鲁国邹山东南而西南流，《春秋左传》所谓峄山也。邾文公之所迁，今城在邹山之阳，依岩阻以墉固[2]，故邾娄之国，曹姓也，叔梁纥之邑也。孔子生于此，后乃县之，因邹山之名以氏县也，王莽之邹亭矣。京相璠曰：《地理志》，峄山在邹县北，绎邑之所依以为名也。山东西二十里，高秀独出，积石相临，殆无土壤，石间多孔穴，洞达相通，往往有如数间屋处，其俗谓之“峄孔”，遭乱辄将家人峄，外寇虽众，无所施害。晋永嘉中，太尉郗鉴将乡曲保此山[3]，胡贼攻守不能得。今山南有大峄，名曰郗公峄，山北有绝岩。秦始皇观礼于鲁，登于峄山之上，命丞相李斯以大篆勒铭山岭[4]，名曰昼门，《诗》所谓保有凫峄者也。漷水又西南迳蕃县故城南，又西迳薛县故城北，《地理志》曰：夏车正奚仲之国也。《竹书纪年》梁惠成王三十一年，邳迁于薛，改名徐州。城南山上有奚仲冢。《晋太康地记》曰：奚仲冢在城南二十五里山上，百姓谓之神灵也。齐封田文于此，号孟尝君，有惠喻。今郭侧犹有文冢，结石为郭，作制严固，莹丽可寻，行人往还，莫不迳观，以为异见矣。漷水又西迳仲虺城北，《晋太康地记》曰：奚仲迁于邳，仲虺居之以为汤左相[5]，其后当周爵称侯，后见侵削[6]，霸者所绌为伯[7]，任姓也。应劭曰：邳在薛。徐广《史记音义》曰：楚元王子郢客，以吕后二年封上邳侯也。有下，故此为上矣。《晋书地道记》曰：仲虺城在薛城西三十里，漷水又西至湖陆县人于泗。故京相璠曰：薛县漷水首受蕃县，西注山阳湖陆是也。《经》言瑕丘东，误耳。

注释

①季康子：即季孙肥，春秋时期鲁国的正卿。姬姓，季氏，名肥。谥康，史称“季康子”。事鲁哀公，此时鲁国公室衰弱，以季氏为首的三

桓强盛，季氏宗主季康子位高权重，是当时鲁国的权臣。邾（zhū）：即邾国，春秋时期小诸侯国，又称邾娄，在今山东省境内。

②墉固：坚固，牢固。

③郗（xī）鉴：字道徽，高平金乡人，少孤贫，博览经籍，躬耕陇亩，吟咏不倦。以儒雅著名。曾带领千余家避难于鲁之峄山。

④大篆：又称籀文、籀篆、籀书。古代的一种字体。

⑤仲虺（huī）城：地名。

⑥侵削：侵夺，削夺。

⑦绌（chù）：同"黜"，罢免，降黜。

译文

瑕丘是鲁国的城邑，也就是《春秋》的负瑕。哀公七年（前488），季康子攻打邾国，把邾的国君囚禁在负瑕。应劭说：瑕丘在县西南。从前卫国大夫公叔文子登上瑕丘，蘧伯玉跟从着他。文子说：在这里多么快乐呀，我死后真想葬在这里。伯玉说：你喜欢葬在这里，那还是让我先葬吧。伯玉是讽刺他想糟蹋百姓的良田。瑕丘的名称，就是因这件事而来的。曾子到负夏吊慰，郑玄、皇甫谧都说那是卫国的地域，鲁、卫虽然是不同的国家，但土地却还是同一块土地。漷水发源于东海合乡县，汉安帝永初七年（113），把这里封给马光的儿子马朗，立为侯国。漷水往西南流，注入邾水。《春秋·哀公二年》（前493），季孙斯攻打邾国，夺取了漷水东岸的田和沂水西岸的田。漷水又流经鲁国邹山东南，然后转向西南流。邹山就是《春秋左传》所说的峄山。邾文公迁到这里，今天城建在邹山的南面，依山傍岩筑城，非常坚固，从前是邾娄之国，姓曹，也是叔梁纥的封邑。孔子就出生在这里。后来在这里立县，用邹山的山名来作县名，也就是王莽时的邹亭。京相璠说：据《地理志》，峄山在邹县北面，绎邑就是根据这座山而命名的。峄山东西二十里，山很高峻，孤峰独起，全由岩石堆积而成，几乎没有土壤，岩石间有许多洞穴，互相连通，有的洞穴有数间房屋那么大，民间称为"峄孔"，遇上乱世兵祸，就带全家进入山尸洞，敌寇虽然众多，也无法加害了。晋朝永嘉年间（307 —313），太尉郗鉴率领乡民保卫这座山，胡贼进攻未能得手。今天山南有大峄，称为郗公峄，山北有绝壁。秦始皇到鲁国观礼，登上峄山，命垂相李斯用大篆字体在山岭上刻写铭文，名叫昼门，《诗经》所说的保有凫峄，就指这里。漷水又往西南流经蕃县旧城南面，又往西流经薛县旧城北面，《地理志》说：这是夏朝车正奚仲的封国。《竹书纪年》载，梁惠成王三十一年（前339），邳人迁人于薛，改名徐州。城南山上有奚仲墓。《晋太康地记》说：奚仲墓在城南二十五里的山上，百姓认为很神灵。齐国把这地方封给田文，田文号孟尝君，以仁爱闻名。今天城旁还有田文墓，四面用石块砌成，制作严密坚固，光洁美丽，过往行人没有不来此观看的，认为这是世上罕见的建筑。漷水又往西流经仲虺城北，《晋太康地记》说：奚仲迁徙到邳，仲虺居住在这里，做了商汤的左相，到了周朝，他的后裔所封的爵位是侯，后来封地被侵占缩小，称霸的诸侯将他贬降为伯，姓任。应劭说：邳就在薛。徐广《史记音义》说：楚元王的儿子郢客，在吕后二年（前186）时被封为上邳侯。因为有下邳，所以这里称上邳。《晋书地道记》说：仲虺城在薛城西三十里，漷水又往西流到湖陆县注入泗水。所以京相播说：薛县的漷水，上口在蕃县接纳了水流，向西流注于山阳湖陆。《水经》说流经瑕丘东，是弄错了。

巨洋水

“又北过临朐县东”条

原文

巨洋水自朱虚北人临朐县，熏冶泉水注之。水出西溪，飞泉侧濑于穷坎之下[1]，泉溪之上，源麓之侧有一祠，目之为冶泉祠。按《广雅》，金神谓之清明[2]。斯地盖古冶官所在，故水取称焉。水色澄明而清泠特异，渊无潜石，浅镂沙文，中有古坛，参差相对，后人微加功饰，以为嬉游之处。南北邃岸凌空，疏木交合。先公以太和中，作镇海岱[3]。余总角之年[4]，侍节东州。至若炎夏火流，闲居倦想，提琴命友，嬉娱永日，桂笋寻波，轻林委浪，琴歌既洽，欢情亦畅，是焉栖寄，实可凭衿。小东有一湖，佳饶鲜笋，匪直芳齐芍药，实亦洁并飞鳞[5]。其水东北流入巨洋，谓之熏冶泉。又迳临朐县故城东，城，古伯氏骈邑也。汉武帝元朔元年，封菑川懿王子刘奴为侯国。应劭曰：临朐，山名也，故县氏之。朐亦水名，其城侧临朐川，是以王莽用表厥称焉。城上下，沿水悉是刘武皇北伐广固，营垒所在矣[6]。巨洋又东北迳委粟山东，孤阜秀立，形若委粟[7]。又东北，洋水注之，水西出石膏山西北石涧口，东南迳逢山祠西。洋水又东南，历逢山下，即石膏山也。山麓三成，壁立直上。山上有石鼓，鸣则年凶。郭缘生《续述征记》曰：逢山在广固南三十里，有祠并石鼓，齐地将乱，石人辄打石鼓，声闻数十里。洋水历其阴而东北流，世谓之石沟水。东北流出于委粟山北，而东注于巨洋，谓之石沟口。然是水下流，亦有时通塞，及其春夏水泛，川澜无辍，亦或谓之为龙泉水。《地理志》：石膏山，洋水所出是也。今于此县，惟是渎当之，似符群证矣。巨洋水又东北得邳泉口，泉源西出平地，东流注于巨洋水。巨洋水又北会建德水，水西发逢山阜而东流入巨洋水也。

注释

①濑（lài）：从沙石上流过的急水。穷坎：深坑。

②金神：西方之神，秋之神。

③海岱：今山东省渤海至泰山之间的地带。海，渤海；岱，泰山。

④总角：古代未成年的人把头发扎成髻，童年时期，幼年。

⑤飞鳞：即飞鱼。指文鳐鱼。

⑥营垒：军营和四周的围墙、防御建筑物等设施。

⑦委粟：委，曲折，弯转，积聚。粟，粮食的统称。

译文

巨洋水从朱虚向北流入临朐县，熏冶泉水在此注入。此水源出西溪，飞奔的泉水在深坑下面流泻，在溪岸上，源头的山麓近旁，有一座祠庙，名为冶泉祠。根据《广雅》，金属之神叫做清明。此处是古时冶官的驻地，水就因此取名。熏冶泉水色澄清透明，而且特别清凉，深渊底下岩石历历可数，浅处的沙上水流荡出的波痕就像雕成一样。中间有古坛，与祠参差相对，后人稍加修饰，把它作为嬉游的处所。南北两侧高岸凌空而起，古树枝柯交错。太和年间（477 – 499），先父镇守海岱，当时我还年幼，跟着父亲到东方来。每当骄阳如火的炎夏，困倦无聊时，就携了琴儿，邀了好友，整天地尽情嬉游。我们荡着一叶扁舟，逐浪飘流，在岸边林木的轻荫底下，穿过低垂拂水的柔枝，我们弹琴唱歌，互相应和，彼此都十分愉快。寄身在这清幽可爱的林泉间，我们真是乐而忘返了。稍东有一口湖，湖边出产鲜美的竹笋，不但气味芳香可与芍药相比，而且也像鱼儿一般洁白清净。溪水往东北流入巨洋，称为熏冶泉。巨洋水又流经临朐县旧城东面，此城是古时伯氏的骈邑，汉武帝元朔元年（前128），把这里封给苗川兹王的儿子刘奴，立为侯国。应劭说：临朐原是山名，县也以山命名。朐，又是水名。此城侧面紧临朐川，所以王莽就用作为县名。城外沿江上下，都是刘武皇北伐广固时营垒所在的地方。巨洋水又往东北流经委粟山东边，这是一座秀美的山丘，孤零零地耸立着，形状像一堆倒在地上的积粟。巨洋水又往东北流，洋水注入。洋水发源于西方石膏山西北的石涧口，往东南流经逢山祠西面。洋水又往东南流经逢山下，逢山就是石膏山。山麓有三重，峭壁陡峻直上，山上有石鼓，鼓响就预兆着那年有灾祸。郭缘生《续述征记》说：逢山座落在广固南三十里。山上有祠庙和石鼓，齐地将乱时，石人就敲起石鼓，数十里内都能听到。洋水流经山北，转向东北流，世人称为石沟水，往东北流出委粟山北面，然后东流注入巨洋水，汇流处称为石沟口。然而这条水下流，有时畅通有时阻塞。到了每年春夏水涨时，浪涛滚滚奔流不息，也有人称为龙泉水。《地理志》说：石膏山是洋水的发源地。今天在临朐县只有这条水可以对得上，似乎与各书的记载相符。巨洋水又往东北流到邳泉口。邳泉的源头出自西方的平地，东流注入巨洋水。巨洋水又北流，与建德水汇合，建德水发源于西方逢山的丘冈下，东流注入巨洋水。

淄水

“又东过利县东”条

原文

淄水自县东北流，迳东安平城北，又东迳巨淀县故城南，征和四年，汉武帝幸东莱，临大海，三月耕巨淀。即此也。县东南则巨淀湖，盖以水受名也。淄水又东北迳广饶县故城南，汉武帝元鼎中，封菑川靖王子刘国为侯国。淄水又东北，马车渎水注之，受巨淀，淀即浊水所注也。吕忱曰：浊水一名溷水，出广县为山。世谓之冶岭山，东北流迳广固城西，城在广县西北四里，四周绝涧，阻水深隍，晋永嘉中，东莱人曹嶷所造也[①]。水侧山际有五龙口，义熙五年，刘武帝伐慕容超于广固也，以藉险难攻，兵力劳弊[②]，河间人玄文说裕云[③]，昔赵攻曹嶷，望气者以为渑水带城，非可攻拔，若塞五龙口，城当必陷[④]。石虎从之，嶷请降。降后五日大雨，雷电震开。后慕容恪之攻段龛，十旬不拔，塞口而龛降，降后无几，又震开之。今旧基犹存，宜试修筑。裕塞之，超及城内男女，皆悉脚弱，病者大半，超遂出奔，为晋所擒也。然城之所跨，实凭地险，其不可固城者在此。浊水东北流迳尧山东，《从征记》曰：广固城北三里有尧山祠，尧因巡狩登此山，后人遂以名山[⑤]。庙在山之左麓，庙像东面，华宇修整，帝图严饰，轩冕之容穆然[⑥]。山之上顶，旧有上祠，今也毁废，无复遗式。盘石上尚有人马之迹，徒黄石而已，惟刀剑之踪逼真矣。至于燕锋代锷，魏铗齐锥，与今剑莫殊，以密模写[⑦]，知人功所制矣。西望胡公陵，孙畅之所云，青州刺史傅弘仁言得铜棺隶书处。浊水又东北流迳东阳城北，东北流合长沙水，水出逢山北阜，世谓之阳水也。

东北流迳广县故城西，旧青州刺史治，亦曰青州城。阳水又东北流，石井水注之，水出南山，山顶洞开，望若门焉，俗谓是山为劈头山。其水北流注井，井际广城东侧，三面积石，高深一匹有余，长津激浪，瀑布而下，澎赑之音[8]，惊川聒谷，漰渀之势[9]，状同洪河，北流入阳水。余生长东齐，极游其下，于中阔绝，乃积绵载，后因王事，复出海岱，郭金、紫惠同石井，赋诗言意，弥日嬉娱，尤慰羁心，但恨此水时有通塞耳。阳水东迳故七级寺禅房南，水北则长庑遍驾，迥阁承阿。林之际，则绳坐疏班，锡钵闲设。所谓修修释子，眇眇禅栖者也。

注释

①深隍：深而无水的护城壕。

②劳弊：劳累疲弊。

③玄文：指深奥的文字。犹言天书，神仙所写的文字。

④望气：古代方士的一种占候术。观察云气以预测吉凶。

⑤巡狩：同“巡守”。谓天子出行，视察邦国州郡。

⑥轩冕：古时大夫以上官员的车乘和冕服。这里偏义复指冠冕。

⑦锷（è）：刀剑的刃。铗（jiá）：剑柄。

⑧澎赑（bì）：水下泻冲击声。

⑨漰渀（pēng bēn）：亦作“漰奔”。水流猛激的样子。

译文

又往东流过利县东边，淄水从利县往东北流经东安平城北边，又往东流经巨淀县旧城南边，征和四年（前89），汉武帝临幸东莱，来到海边，三月，亲自在巨淀耕田。指的就是这地方。县的东南面是巨淀湖，该县就是以水来命名的。淄水又往东北流经广饶县旧城南边，汉武帝元鼎年间（前116—前111），把这里封给菑川靖王的儿子刘国，立为侯国。淄水又往东北流，马车渎水注入，此水上口由巨淀给水，巨淀有浊水注入。吕忱说：浊水又名溷水，发源于广县为山。世人称为冶岭山，往东北流经广固城西，广固城在广县西北四里处，四周有山涧深壕环绕。

此城是晋朝永嘉年间（307 - 313），东莱人曹嶷所筑。水旁山边有个五龙口，义熙五年（409），刘武帝在广固讨伐慕容超，因敌方凭险据守，难以攻克，弄得兵士很劳顿，河间人玄文向刘裕建议，从前赵国进攻曹嶷，有个望气的人认为渑水流过此城，城是攻不下的，如果堵塞了五龙口，城就一定可以攻陷了。石虎听从了这个建议，曹嶷就求降了。投降后五天，大雨倾盆，雷电交加。堵塞的水口又被震开了。后来慕容恪进攻段龛，攻城一百天仍未攻下，堵塞了五龙口后，段龛就投降了，投降后不久，堵塞的水口又被震开了。今天旧基还在，应当试试看，把它再修筑起来。刘裕堵塞了五龙口，慕容超及城内男女老少都双脚无力，大半患病，慕容超就出城逃走，被晋人擒获。然而城所筑的地方，完全是凭着地势之险，城不能固守，原因就在于脚弱之病。浊水往东北流绕经山东，《从征记》说：广固城北面三里有尧山祠，尧巡察四方路过这里，登过此山，后人因而称为尧山。庙建在左边山脚下，庙内神像朝东，殿宇华丽，帝尧的画像装束整齐，戴着冠冕的仪容显得庄严肃穆。山顶上从前有座尧祠，现在已毁废了，原来的格局再也看不到了，只有一块巨石上还留有人马的痕迹，但也只是光光的黄石而已，只有刀剑的痕迹还十分逼真。至于天子之剑，所谓以燕为锋，以代为刃，以魏为柄，以齐为铿，其实与今天的剑并没有什么不同，用蜡把剑痕印下来，一看就知道是人工制作的。在这里向西可以看见胡公陵，就是孙畅之所说的，青州刺史傅弘仁声称发现铜棺隶书的地方。浊水又往东北流经东阳城北面，往东北流，与长沙水汇合，长沙水发源于逢山北面的小土山上，世人称为阳水，往东北流经广县旧城西面，这里过去是青州刺史的治所，也称青州城。阳水又往东北流，石井水注入，石井水发源于南山，山顶敞开，望去像门似的，俗称此山为辟头山。水往北流，注入一口大井，此井靠近广城东侧，三面石块堆垒，深达四丈有余，水流汹涌成为瀑布一泻而下，轰隆的声音震撼山谷，这种惊天动地的水势，如同大河一样，北流注入阳水。我生长在东齐，曾远游于瀑布下面，中间阔别多年，后来又因公事重到海岱，与郭金、紫惠一起游石井，赋诗抒怀，整日嬉游。作客他乡，能偕好友畅游真是莫大的慰藉了，只是此水时通时断，令人遗憾而已。阳水往东流经旧七级寺禅房南，水北佛殿周围遍布长廊，楼阁弯弯曲曲地相连接。林边疏疏落落地排列着些蒲团，摆着些锡杖钵盂。这就是所谓严谨持重的僧人，远遁山林的禅栖生活。

沔　水

“沔水出武都沮县东狼谷中”条

原文

沔水一名沮水。阚骃曰：以其初出沮洳然①，故曰沮水也，县亦受名焉。导源南流，泉街水注之。水出河池县，东南流人沮县，会于沔。沔水又东南迳沮水戍，而东南流注汉，曰沮口，所谓沔汉者也。《尚书》曰：嶓冢导漾，东流为汉。《山海经》所谓汉出鲋蜗山也。东北流得献水口。庾仲雍云：是水南至关城合西汉水。汉水又东北合沮口，同为汉水之源也。故如淳曰：此方人谓汉水为沔水。孔安国曰：漾水东流为沔。盖与沔合也。至汉中为汉水，是互相通称矣。沔水又东迳白马戍南，浕水入焉。水北发武都氐中，南迳张鲁城东。鲁，沛国张陵孙，陵学道于蜀鹤鸣山，传业衡，衡传于鲁，鲁至行宽惠②，百姓亲附，供道之费，米限五斟，故世号五斟米道。初平中，刘焉以鲁为督义司马，住汉中，断绝谷道，用远城治，因即峭岭，周回五里，东临溶谷，杳然百寻③，西北二面，连峰接崖，莫究其极，从南为盘道，登陟二里有余。浕水又南迳张鲁治东，水西山上有张天师堂，于今民事之。庾仲雍谓山为白马塞，堂为张鲁治。东对白马城，一名阳平关。浕水南流入沔，谓之浕口。其城西带浕水，南面沔川，城侧二水之交，故亦曰沢口城矣。沔水又东迳武侯垒南，诸葛武侯所居也。南枕沔水，水南有亮垒，背山向水，中有小城，回隔难解。沔水又东迳沔阳县故城南，城，旧言汉祖在汉中，萧何所筑也。汉建安二十四年，刘备并刘璋，北定汉中，始立坛，即汉中王位于此。其城南临汉水，北带通逵，南面崩水三分之一，观其遗略，厥状时传。南对定军山，曹公南征汉中，张鲁降，乃命夏侯渊等守之。刘备自阳平关南渡沔水，遂斩渊首，保有汉中。诸葛亮之死也，遗令葬于其山，因即地势，不起坟垄，惟深松茂柏，攒蔚川阜[4]，莫知墓茔所在。山东名高平，是亮宿营处，有亮庙。亮薨，百姓野祭，步兵校尉习隆、中书郎向充共表云：臣闻周人思召伯之德，甘棠为之不伐；越王怀范蠡之功，铸金以存其像。亮德轨遐迩，勋盖来世，王室之不坏，实赖斯人，而使百姓巷祭，戎夷野祀，非所以存德念功，追述在昔者也。今若尽顺民心，则黩而无典，建之京师，又逼宗庙，此圣怀所以惟疑也。臣谓宜近其墓，立之沔阳，断其私祀，以崇正礼。始听立祀斯庙，盖所启置也。钟士季征蜀，枉驾设祠。茔东，即八阵图也，遗基略在，崩褫难识[5]。沔水又东迳西乐城北，城在山上，周三十里，甚险固，城侧有谷，谓之容裘谷。道通益州，山多群獠[6]，诸葛亮筑以防遏。梁州刺史杨亮，以即险之固，保而居之，为苻坚所败，后刺史姜守、潘猛，亦相仍守此城。城东，容裘溪水注之，俗谓之洛水也。水南导巴岭山，东北流，水左有故城，凭山即险，四面阻绝，昔先主遣黄忠据之，以拒曹公。溪水又北迳西乐城东，而北流注于汉。

注释

①沮洳（jù rù）：低湿之地。

②宽惠：宽厚慈惠。

③杳然：幽深；寂。

④攒蔚：草木丛生貌。

⑤崩褫（chǐ）：败坏，塌毁。

⑥獠（lǎo）：中国古族名。分布在今广东、广西、湖南、四川、云南、贵州等地区。亦泛指南方各少数民族。

译文

沔水又名沮水。阚骃说：因为此水初发源处是一片低湿的洼地（沮洳），因而称为沮水，县也跟着叫沮县。发源后往南流，泉街水注入。泉衔水发源于河池县，往东南流入沮县，一与沔水汇合。沔水又往东南流经沮水戍，又往东南注入汉水，汇流处叫沮口，这就是所谓的沔汉。《尚书》说：漾水发源于蟠冢山，东流称汉水。《山海经》说汉水发源于鲋蜗山。往东北流有献水口。庾仲雍说：此水南流至关城与西汉水汇合。汉水又往东北流，汇合沮口，这都是汉水的上源。因此如淳说：这一带地方的人称汉水为沔水。孔安国说：漾水东流称为沔水，是因为它与沔水汇合。流到汉中又称汉水，水名可互相通用。沔水又向东流经白马戍南面，浕水注入。浕水发源于北面的武都氐中，向南流经张鲁城东面。张鲁，是沛国张陵的孙子，张陵曾在蜀郡鹤鸣山学道，把他的道术传给张衡，张衡又传给张鲁，张鲁到了这里，待人仁厚，四方百姓都来归附他，学道所供给的费用，以五斗米为限，所以称为五斗米道。初平年间（190 — 193），刘焉封张鲁为督义司马，张鲁深居汉中，断绝了谷道，靠近峭岭修建城邑，周围五里，东临深谷，谷深百丈，西北两面都是连绵的山峰和崖壁，无穷无尽地伸展向远方，往南是盘旋的山径，上登约二里有余。浕水又往南流经张鲁治东面，浕水西边的山上有个张天师堂，至今百姓仍在信奉。庾仲雍称此山为白马塞，称此堂为张鲁治。东边面对白马城，又名阳平关。浕水往南流，注入沔水，汇流处叫浕口。此城西边环绕着浕水，南边面临沔川，城旁两水交汇，因而又称为浕口城。沔水又往东流经武侯垒南面，这是昔日诸葛武侯屯驻过的地方。南临沔水，南岸有诸葛亮昔日的营垒，背山面水，其中有个小城，有山川迂回阻隔，很难到达。沔水又往东流经两阳县老城南面，按老的说法，这座城是汉高祖在汉中时萧何修筑的。汉建安二十四年（219），刘备兼并了刘璋，北定汉中，开始设立祭坛，在此登上汉中王之位。此城南面靠近汉水，北面是通逵大道，南面靠水岸一边，至今已崩塌了三分之一。就从这留下来的部分来看，此城当时的风貌大体上还看得出来。此城南面正对定军山，曹操南征汉中时，张鲁投降，于是命令夏侯渊守城。刘备从阳平关向南渡过沔水，杀了夏侯渊，占有了汉中。诸葛亮死后，遗嘱把他葬在定军山上，安葬时依山形地势，而不高筑坟垄，现在那里唯有一片蓊鬱的松柏，一丛丛的浓荫布满山野，而他的坟墓却不知究竟在何处。山的东面叫高平，是当年诸葛亮宿营的地点，建有诸葛亮庙。诸葛亮死后，百姓在野外致祭，步兵校尉习隆、中书郎向充共同上表说：我们听说周朝人思念召伯的恩德，就不砍伐那棵他曾在下面休息过的甘棠树；越王为了怀念范蠡的功绩，铸了一尊金像纪念他。诸葛亮的德行可以作为天下的典范，功勋空前绝后，今天王室之所以能不衰败下去，靠的全是他。而今让百姓在街巷里祭奠，戎夷在野外祭祀，这不是纪念他的德行和功勋，追思他节操的办法。今天若要完全顺从民心，那么就会流于淫滥而违反典章制度，如将祠庙建于京城，又势必侵逼宗庙，这正是圣上心里犹疑不定的原因。我们以为最好是在墓地近旁，就在沔阳立祠，这样就可以断绝民间的私祭，尊重正规的礼仪。这座祠庙就是在习隆、向充启奏后修建的。钟士季征伐蜀国时，曾亲自来此祭祀。坟地东面，就是诸葛亮摆八阵图的地方，遗址还在，但崩塌荒废，很难辨认了。沔水又往东流经西乐城北面，城在山上，周围三十里，十分险要坚固，城侧有个山谷，叫容裘谷，有道路通益州。山上有很多獠人居住着，诸葛亮修筑此城以防他们骚扰。梁州刺史杨亮，凭借这天险和坚固的城防，想要守城安居，却被苻坚攻破，后任刺史姜守、潘猛也相继守卫此城。城的东面，容裘溪水注入沔水，这条水俗称洛水。发源于南方的巴岭山，向东北流，水的左面有一座老城，利用山势险处而建，四面阻绝，昔日先主派遣黄忠据守于此，以抗拒曹公。溪水又向北流经西乐城东面，向北注入汉水。

湍 水

“湍水出郦县北芬山，南流过其县东，又南过冠军县东”条

湍水出弘农界翼望山，水甚清澈，东南流迳南阳郦县故城东，《史记》所谓下郦析也。汉武帝元朔元年，封左将黄同为侯国。湍水又南，菊水注之，水出西北石涧山芳菊溪，亦言出析谷，盖溪涧之异名也。源旁悉生菊草，潭涧滋液①，极成甘美。云此谷之水土，餐挹长年②。司空王畅、太傅袁隗、太尉胡广，并汲饮此水，以自绥养③。是以君子留心，甘其臭尚矣。菊水东南流入于湍。湍水又迳其县东南，历冠军县西，北有楚堨，高下相承八重，周十里，方塘蓄水，泽润不穷。湍水又迳冠军县故城东④，县，本穰县之卢阳乡，宛之临駣聚，汉武帝以霍去病功冠诸军，故立冠军县以封之。水西有《汉太尉长史邑人张敏碑》，碑之西有魏征南军司张詹墓，墓有碑，碑背刊云：白楸之棺⑤，易朽之裳，钢铁不入，丹器不藏，嗟矣后人，幸勿我伤。自后古坟旧冢，莫不夷毁，而是墓至元嘉初尚不见发。六年大水，蛮饥，始被发掘。说者言：初开，金银铜锡之器，朱漆雕刻之饰烂然，有二朱漆棺，棺前垂竹帘，隐以金钉。墓不甚高，而内极宽大。虚设白楸之言，空负黄金之实，虽意锢南山，宁同寿乎？湍水又迳穰县为六门陂。汉孝元之世，南阳太守邵信臣以建昭五年断湍水，立穰西石堨。至元始五年，更开三门为六石门，故号六门堨也。溉穰、新野、昆阳三县五千余顷，汉末毁废，遂不修理。晋太康三年，镇南将军杜预复更开广，利加于民，今废不修矣。六门侧又有《六门碑》，是部曲主安阳亭侯邓达等以太康五年立。湍水又迳穰县故城北，又东南迳魏武故城之西南，是建安三年，曹公攻张绣之所筑也。

注释

①滋液：汁液渗透。

②餐挹：吸收，采用。

③绥养：安定抚养。这里是保养的意思。

④冠军县：古县名。治今河南省邓州市西北张村镇冠军村一带。西汉元朔六年（前123年）汉武帝因霍去病出征匈奴，功冠诸军，所以割穰县的"卢阳乡"和宛县的"临駣聚"地为冠军侯邑。

⑤白楸之棺：没有漆的楸木棺材。以此显示薄葬。

译文

湍水发源于部县北芬山，往南流过县东，又往南流过冠军县东，湍水发源于弘农边界的翼望山，水异常清澈，往东南流经南郦县旧城东面，就是《史记》所说的下郦析。汉武帝元朔元年（前128），把这地方封给左将黄同，立为侯国。湍水又往南流，菊水注入，菊水发源于西北石涧山芳菊溪，也有说发源于析谷的，是溪涧的异名。源头旁长遍了菊草，由于涧水的滋润，菊花长得非常茂盛甘美。据说这山谷中的水长年饮用可以延年益寿，于是司空王畅、太傅袁隗、太尉胡广都汲饮此水来保养自己。因此上流人士都很关注此水，喜爱它的气味，这种风气也流传已久了。菊水往东南流入湍水。湍水又流经该县东南，流经冠军县西面，北边有楚堨，又道堰坝高下相承，蓄水于方塘里，周围十里的田地，都靠这里的水灌溉，源源不绝。湍水又流经冠军县旧城东边，该县原是穰县的卢阳乡，宛县的临駣聚，汉武帝因为霍去病功高冠于诸军，所以设立冠军县封给他。水的西面有汉太尉长史邑人张敏碑，碑的西面有魏征南军司张詹墓，墓前有碑，墓碑背面刻着：没漆过的楸木棺材，容易腐朽的衣裳，铜器铁器都不放入，红漆的器皿也不入藏，暖哟，后世的人啊！请别把我毁伤！自那以后古坟旧墓没有免遭平毁之难的，而这座墓到元嘉（424－453）初年还没被盗掘过。六年（429）发大水，蛮夷闹饥荒，才被发掘出来。据人们说：坟墓刚打开时，金银铜锡之类器具，涂着红漆，雕着各种花纹，光彩灿烂夺目。有两口红漆棺材，棺前挂着竹帘，棺上钉着金钉。坟墓不很高，但墓内极宽敞。墓碑上假意写了白楸棺材之类的虚言虚语，来掩盖以金银财宝厚葬的事实，虽然主意是想密封得像南山似的牢固，难道这就能和它一样长久了吗？湍水又流经穰县，形成六门陂。汉朝孝元帝时，南阳太守邵信臣在建昭五年（前34）堵断了湍水，修筑了穰西石堨，到了元始五年（5），又开了三道水门，成为六石门，所以称为六门堨。这项水利工程已灌溉穰、新野、昆阳三县五千余顷农田，汉朝末年石塘毁废，就没有再修复了。晋太康三年（282），镇南将军杜预又重新扩建，百姓受益更大，今天又废弃不修了。六门旁边又有六门碑，是部曲主安阳亭侯邓达等人在太康五年（284）所立。湍水又流经穰县旧城北面，又往东南流经魏武旧城西南，这是建安三年（198）曹操攻张绣时修筑的。

淮 水

“淮水出南阳平氏县胎簪山，东北过桐柏山”条

原文

《山海经》曰：淮出余山。在朝阳东，义乡西。《尚书》：导淮自桐柏。《地理志》曰，南阳平氏县，王莽之平善也。《风俗通》曰：南阳平氏县桐柏，大复山在东南，淮水所出也。淮，均也。《春秋说题辞》曰：淮者，均其势也。《释名》曰：淮，韦也①，韦绕扬州北界，东至于海也。《尔雅》曰：淮为浒②。然淮水与醴水同源俱导，西流为醴，东流为淮。潜流地下三十许里，东出桐柏之大复山南，谓之阳口，水南即复阳县也③。阚骃言：复阳县，胡阳之乐乡也。元帝元延二年置，在桐柏大复山之阳，故曰复阳也。《东观汉记》曰：朱祐少孤，归外家复阳刘氏。山南有淮源庙，庙前有碑，是南阳郭苞立。又二碑，并是汉延熹中守令所造，文辞鄙拙④，殆不可观。故《经》云：东北过桐柏也。淮水又东迳义阳县，县南对固成山，山有水注流数丈，洪涛灌山，遂成巨井，谓之石泉水，北流注于淮。淮水又迳义阳县故城南，义阳郡治也。世谓之白茅城，其城圆而不方。阚骃言：晋太始中，割南阳东鄙之安昌、平林、平氏、义阳四县，置义阳郡于安昌城。又《太康记》、《晋书地道记》并有义阳郡，以南阳属县为名。汉武帝元狩四年，封北地都尉卫山为侯国也。有九渡水注之，水出鸡翅山，溪涧潆委⑤，沿溯九渡矣。其犹零阳之九渡水，故亦谓之为九渡焉。于溪之东山有一水发自山椒下，数丈素湍，直注颓波，委壑可数百丈，望之若霏幅练矣⑥。下注九渡水，九渡水又北流注于淮。

注释

①韦：计算圆周的量词。通“围”。

②浒：淮水溢出的小水。

③潜流：地面下的水流，也指水在地下流动。

④鄙拙：浅俗拙劣。

⑤潆委：回旋曲折。

⑥山椒：山顶。

译文

《山海经》说：淮水发源于余山，在朝阳东、义乡西。《尚书》提到：在桐柏山疏导淮水。《地理志》说：南阳平氏县，就是王莽的平善。《风俗通》说：南阳平氏县的桐柏山，大复山在它的东南，是淮水的发源地。淮，是均衡的意思。《春秋说题辞》说：淮，就是使水势保持均衡。《释名》说：淮，意思是围，就是说围绕扬州北界，往东直达大海。《尔雅》说：淮，就是水滨。但淮水和醴水都从同一个源头流出，西流就是醴水，东流就是淮水。水在地下潜流了三十余里，从桐柏山的大复山南麓东流而出，山口就叫阳口，水南就是复阳县。阚驷说：复阳县就是胡阳的乐乡，元帝元延二年设县，因位于桐柏山、大复山之南，所以称为复阳。《东观汉记》说：朱佑少时是孤儿，被送回复阳刘氏外公家抚养。山南有淮源庙，庙前有石碑，是南阳郭苞所立。此处还有两块碑，都是汉延熹年间（158 – 167）的太守和县令所造，文辞粗鄙拙劣，几乎令人不能卒读。《水经》说：往东北流过桐柏山。淮水又往东流经义阳县。县城南对固成山，山上有水，奔泻直下数丈，波涛滚滚，倾注于山坞间，形成一口巨井，称为石泉水，北流注入淮水。淮水又流经义阳县老城南边，这是义阳郡的治所，世人称为白茅城，城呈圆形而不方正。阚驷说：晋泰（太）始年间（265 – 274），划出南阳郡东部边邑安昌、平林、平氏、义阳四县设置义阳郡，郡治在安昌城。《太康记》、《晋书地道记》也都有义阳郡，就以南阳属县义阳为郡名。汉武帝元狩四年（前119

），把这地方封给北地都尉卫山，立为侯国，有九渡水注入。九渡水发源于鸡翅山，溪涧弯弯曲曲，沿溪有九个渡口。很像零阳的九渡水，所以也叫九渡。溪东山上有一条水，从山顶下流出，宽约数丈的急流，从几百丈的高崖一泻而下，注入深渊，远望像是飞动的白绢。涧水往下注入九渡水，九渡水又往北流，注入淮水。

肥　水

“又北过寿春县东”条

原文

肥水自黎浆北迳寿春县故城东为长濑津，津侧有谢堂北亭，迎送所薄，水陆舟车是焉萃止。又西北，右合东溪，溪水引渎北出，西南流迳导公寺西，寺侧因溪建刹五层，屋宇闲敞，崇虚携觉也。又西南流注于肥。肥水又西迳东台下，台即寿春外郭东北隅阿之榭也。东侧有一湖，三春九夏，红荷覆水，引渎城隍，水积成潭，谓之东台湖，亦肥南播也。肥水西迳寿春县故城北，右合北溪，水导北山，泉源下注，漱石颓隍①，水上长林插天，高柯负日②，出于山林。精舍右，山渊寺左，道俗嬉游，多萃其下，内外引汲，泉同七净。溪水沿注，西南迳陆道士解南精庐，临侧川溪，大不为广，小足闲居，亦胜境也③。溪水西南注于肥水。

注释

①漱石：冲刷岩石。

②高柯：高树。

③精庐：学舍，读书讲学之所。佛寺，僧舍。

译文

肥水从黎浆北流，经过寿春县老城东边，就到长濑津，旁边有谢堂北亭，迎宾送友都要来到这里，无论是水路陆路，过往舟车都要聚集在这里歇息。肥水又往西北流，在右边汇合了东溪，溪水向北分出一条水渠，往西南流经导公寺西边。寺旁临溪建塔，高五层，寺院屋宇闲静宽敞，溪边丘冈高峻陡峭。溪水又往西南流，注入肥水。肥水又往西流经东台下，此台就是寿春外城东北角的水榭。东边有湖，夏日里红艳的荷花盖满湖面，流水经沟渠引入护城河，积成水潭，叫东台湖，也是肥水南流形成的。肥水往西流经寿春县老城北边，在右边汇合了北溪，溪水发源于北山，泉水从山上奔泻而下，冲刷着溪石，流泻于山涧中，山涧上面，密林插天，高枝上挂着太阳，涧水流出山林。流过僧舍的右边、山渊寺的左边，僧道和世俗男女常聚集在那边嬉游；内寺外的人都从溪里汲水，泉水十分清净。溪水往西南流，陆道士的解南精庐就建在溪旁，庐舍虽不大，但平日闲居，尽够容身了，也是一处胜境。溪水往西南流，注入肥水。

江水

“岷山在蜀郡氐道县，大江所出，东南过其县北”条

岷山，即渎山也，水曰渎水矣。又谓之汶阜山，在徼外①，江水所导也。《益州记》曰：大江泉源，即今所闻，始发羊膊岭下，缘崖散漫，小水百数，殆未滥觞矣②。东南下百余里至白马岭，而历天彭阙，亦谓之为天彭谷也。秦昭王以李冰为蜀守，冰见氐道县有天彭山，两山相对，其形如阙，谓之天彭门，亦曰天彭阙。江水自此已上至微弱，所谓发源滥觞者也。汉元延中，岷山崩，壅江水，三日不流。扬雄《反离骚》云：自岷山投诸江流，以吊屈原，名曰《反骚》也。江水自天彭阙东迳汶关，而历氐道县北。汉武帝元鼎六年，分蜀郡北部置汶山郡以统之，县，本秦始皇置，后为升迁县也。《益州记》曰：自白马岭回行二十余里至龙涸，又八十里至蚕陵县，又南下六十里至石镜，又六十余里而至北部，始百许步；又西百二十余里至汶山故郡，乃广二百余步；又西南百八十里至湿坂，江稍大矣。故其精则井络缠曜③，江、汉晒灵。《河图括地象》曰：岷山之精，上为井络，帝以会昌，神以建福。故《书》曰：岷山导江，泉流深远，盛为四渎之首。《广雅》曰：江，贡也。《风俗通》曰：出珍物，可贡献。《释名》曰：江，共也，小水流人其中，所公共也。东北百四十里曰崃山，中江所出，东注于大江。崃山，邛崃山也，在汉嘉严道县，一曰新道，南山有九折坂，夏则凝冰，冬则毒寒，王阳按辔处也。平恒言：是中江所出矣。郭景纯《江赋》曰：流二江于崛、崃。又东百五十里曰崌山，北江所出，东注于大江。《山海经》曰：崌山，江水出焉，东注大江，其中多怪蛇。江水又迳汶江道，汶出徼外岷

山西玉轮坂下而南行，又东迳其县而东注于大江。故苏代告楚曰：蜀地之甲，浮船于汶，乘夏水而下江，五日而至郢。谓是水也。又有湔水入焉，水出绵虒道，亦曰绵虒县之玉垒山。吕忱云：一日半浣水也，下注江。江水又东别为沱，开明之所凿也。郭景纯所谓玉垒作东别之标者也。县，即汶山郡治，刘备之所置也。渡江有笮桥④，江水又历都安县，县有桃关、汉武帝祠，李冰作大堰于此，壅江作堋，堋有左、右口，谓之湔堋。江入郫江、捡江以行舟⑤。《益州记》曰：江至都安，堰其右，捡其左，其正流遂东，郫江之右也。因山颓水，坐致竹木，以溉诸郡。又穿羊摩江、灌江，西于玉女房下白沙邮，作三石人立水中，刻要江神，水竭不至足，盛不没肩。是以蜀人旱则藉以为溉，雨则不遏其流。故《记》曰：水旱从人，不知饥馑，沃野千里，世号陆海，谓之天府也。邮在堰上，俗谓之都安大堰，亦曰湔堰，又谓之金堤。左思《蜀都赋》云：西逾金堤者也。诸葛亮北征，以此堰农本，国之所资，以征丁千二百人主护之，有堰官。益州刺史皇甫晏至都安，屯观坂，从事何旅曰：今所安营，地名观坂，上观下反，其征不祥，不从，果为牙门张和所杀。

注释

①徼外：塞外，边外。

②滥觞：指江河发源处水很小，仅可浮起酒杯。

③井络：井宿的分野。专指 岷山 。

④笮桥：用竹索编织而成的架空吊桥。

⑤堋（péng）：分水堤（中国战国时李冰修建都江堰时所创建）。

译文

岷山就是渎山，水叫渎水，又叫汶阜山，远在边境以外，江水就发源在那里。《益州记》说：大江的源泉，按现今所知，开头是从羊膊岭下流出，水沿山崖散开，涓涓细流多以百计，浅得几乎连酒杯也浮不起。水向东南流泻百余里，到达白马岭，经过天彭阙，又叫天彭谷。秦昭王派李冰当蜀郡太守，李冰见氐道县有天彭山，两山相对，形状如门，称为天彭门，又叫天彭阙。江水从这里起，上流十分细弱，所谓发源时只能浮起酒杯，就指这里。汉元延年间（前12—9），岷山崩塌，堵塞了江水，以致江水三日不流。扬雄作赋，在《反离骚》中说：从岷山投入江流之中，以吊屈原，名为《反骚》。江水从天彭阙东经汶关，又流过氐道县北面。汉武帝元鼎六年（前111），划蜀郡北部设置汶山郡，以管辖该县，氐道县原是秦始皇所置，后来改为升迁县。《益州记》说：江水从白马岭萦纡流奔二十余里，到龙涸，又八十里，到蚕陵县，又南下六十里，到石镜，又六十余里到北部都尉治，江宽才有百余步。江水又西流一百二十余里，到达旧汶山郡时，宽度才有两百余步；又向西南奔流了一百八十里，到湿坂，江才稍大了一点。所以有了它的精气，井泉就水脉潜通，闪闪生辉，大江、汉水，灵光照耀。《河图括地象》说：岷山的精气，上升成为井泉的水脉，帝王因其会合而昌盛，神明赖以为人类造福。所以《尚书》说：岷山是江水所出处，泉流既深且远，流量之大，在四渎之中首屈一指。《广雅》说：江，就是贡的意思。《风俗通》说：江里出产稀珍之物，可以朝贡。《释名》说：江，就是共的意思，小水流进江中，因而是诸水所公共的。东北一百四十里有峡山，是中江的发源地，中江东流，注入大江，崍山就是邛崍山，在汉嘉郡严道县，又名新道南山，有九折坂，夏天都会结冰，冬天更是酷寒，是王阳勒马的地方。平恒说：这就是中江的发源地。郭景纯《江赋》说：在崛山、崍山流奔着两条江。又东流一百五十里，有崌山，北江发源于此，东流注入大江。《山海经》说：崌山是江水的发源地，往东注入大江。江中怪蛇很多。江水又流经汶江道，汶水发源于边境外岷山西边的玉轮坂下，先往南流，然后往东流经该县，往东注入大江。所以苏代对楚王说：蜀地的军队在汶水上船，趁着夏季水涨下江，五日就能到楚国郢都。他说的就是这条水。又有湔水注入，湔水发源于绵虒道，也叫绵虒县之玉垒山。吕忱说：湔水又叫半浣水，流注入江。江水东流，又分出沱江，是开明所凿。就是郭景纯所说的，玉垒可作为东流分水的标志。绵虒县是汶山郡的治所，是刘备所置。有竹索桥可以渡江。，水又往东流经都安县，县里有桃关和汉武帝祠，李冰在这里造了一条大堰，截住江流，堰坝左右两边都有出水口，称为湔堋。大江流入郫江、捡江，以便通航。《益州记》说：大江流到都安，在右边筑堰堵水，在左边造堤控流，江的干流于是就移到东边，位于郫江右面。利用山势滑放竹木入江，不费力气就可以运到，水还可以灌溉诸郡。李冰又凿穿羊摩江和灌江，在西边玉女房下的白沙邮，造了三个石人，立在水中，以镇伏江神，枯水时不露脚，涨水时不没肩。因而蜀人天旱时可用来灌溉，多雨时不堵塞水流。所以《益州记》说：水旱都任人安排，饥荒绝迹，沃野千里，因此世人把它号称陆海，又叫天府。邮亭就在堰上，民间称此堰为都安大堰，也叫湔堰，又称金堤。左思《蜀都赋》说：向西越过金堤，即指此堤。诸葛亮北征时，将此堰视为农业的命脉，国家赖以给养，他征召了一千二百名兵丁负责护堰，并设堰官。益州刺史皇甫晏来到都安，屯兵于观坂，从事何旅说：现在扎营的地方名叫观坂，上观下反，是不祥的征兆，皇甫晏不听他的话，果然被牙门张和所杀。

若 水

“又东北至犍为朱提县西，为泸江水”条

原文

朱提，山名也。应劭曰：在县西南，县以氏焉。犍为属国也，在郡南千八百许里。建安二十年立朱提郡，郡治县故城。郡西南二百里得所绾堂琅县西北行，上高山，羊肠绳屈八十余里，或攀木而升，或绳索相牵而上，缘陟者若将阶天。故袁休明《巴蜀志》云：高山嵯峨，岩石磊落，倾侧萦回，下临峭壑，行者扳缘，牵援绳索①。三蜀之人，及南中诸郡，以为至险。有泸津，东去县八十里，水广六七百步，深十数丈，多瘴气②，鲜有行者。晋明帝太宁二年，李骧等侵越嶲，攻台登县，宁州刺史王逊遣将军姚岳击之，战于堂琅，骧军大败，岳追之，至泸水，赴水死者千余人，逊以岳等不穷追，怒甚，发上冲冠，恰裂而卒③。按永昌郡有兰仓水，出西南博南县，汉明帝永平二年置。博南，山名也，县以氏之。其水东北流迳博南山，汉武帝时通博南山道，渡兰仓津，土地绝远，行者苦之。歌曰：汉德广，开不宾，渡博南，越仓津，渡兰仓，为作人。山高四十里。兰仓水出金沙，越人收以为黄金。又有珠光穴，穴出光珠。又有琥珀、珊瑚、黄、白、青珠也。兰仓水又东北迳不韦县与类水合，水出嶲唐县，汉武帝置。类水西南流，曲折又北流，东至不韦县注兰仓水。又东与禁水合。水自永昌县而北迳其郡西，水左右甚饶犀象，山有钩蛇，长七八丈，尾末有岐，蛇在山涧水中，以尾钩岸上人、牛食之④。此水傍瘴气特恶，气中有物，不见其形，其作有声，中木则折，中人则害，名曰鬼弹⑤。惟十一月、十二月差可渡，正月至十月，迳之，无不害

人，故郡有罪人，徙之禁旁，不过十日皆死也。禁水又北注泸津水，又东迳不韦县北而东北流，两岸皆高山数百丈，泸峰最为杰秀，孤高三千余丈。是山于晋太康中崩，震动郡邑。水之左右，马步之径裁通，而时有瘴气，三月、四月迳之必死，非此时犹令人闷吐。五月以后，行者差得无害。故诸葛亮《表》言：五月渡泸，并日而食，臣非不自惜也，顾王业不可偏安于蜀故也。《益州记》曰：泸水源出曲罗嶲，下三百里曰泸水。两峰有杀气，暑月旧不行，故武侯以夏渡为艰。泸水又下合诸水，而总其目焉，故有泸江之名矣。自朱提至僰道有水步道，水道有黑水、羊官水，至险难。三津之阻，行者苦之。故俗为之语曰：楢溪、赤水，盘蛇七曲，盘羊乌栊，气与天通，看都濩泚⑥，住柱呼伊，庲降贾子，左担七里。又有牛叩头、马搏颊坂，其艰险如此也。

注释

①扳缘：攀着他物向上爬。

②瘴气：指南部、西南部地区山林间湿热蒸发能致病之气。

③穷追：连续追击，彻底追究。

④岐：同“歧”。物的分支或事有分歧。

⑤鬼弹：指瘴气。因其能于无形中摧折树木，使人中毒而病，故称。

⑥濩泚：流汗的样子。

译文

朱提是山名。应劭说：山在朱提县西南，县也因山而得名。朱提县原是犍为属国，在郡治南约一千八百里。建安二十年（215）置朱提郡，郡治就设在旧县城。郡城西南二百里有该郡所辖的堂琅县，往西北走，羊肠小道弯弯曲曲地伸上高山，路程八十余里，有的地方要攀着树木上登，有的地方要用绳索互相牵挽着爬上去，登山真有如登天。所以袁休明《巴蜀志》说：高山险峻巍峨，巨石参差错落，山径曲折倾斜，下临陡峭绝壑，行人攀援登山，还须牵挽绳索。三蜀以及南中诸郡的人，都认为这一条路极险。县城东八十里，有泸津，那里水面宽达六七百步，深十几丈，而且多瘴气，很少有人行走。晋明帝太宁二年（3 24），李骧等侵犯越雋，进攻台登县，宁州刺史王逊派将军姚岳去进剿，在堂琅打了一仗，李骧的军队大败，姚岳追到泸水，落水而死的千余人，王逊因姚岳等人没有穷追到底，怒气冲天，气得头发把帽子都顶了起来，头巾也破裂了，一下子就气死了。按永昌郡有兰仓水，发源于西南的博南县，博南县在汉明帝永平二年（59）设置。博南是山名，县就因山而得名。兰仓水往东北流经博南山，汉武帝时开通了博南山的路，在兰仓津过渡，地方极其遥远，往来行人深以为苦。有一首歌谣说：汉朝恩德广大无边，教化未归顺的夷民，翻过博南山，越过兰仓津，渡过兰仓江，一批批全是服役的人。山高四十里。兰仓水出产金沙，越人淘沙制成黄金。又有光珠穴，洞穴里出产光珠。还有琥珀、珊瑚和黄的、白的、青的珠子。兰仓水又往东北流经不韦县，与类水相汇合。类水发源于雋唐县，雋唐县在汉武帝时设置。类水往西南流，弯弯曲曲地又转向北流，往东到不韦县注入兰仓水。兰仓水又往东流，与禁水相汇合。禁水从永昌县往北流，经过郡城西面，两岸犀牛、大象很多，山上有钩蛇，长七八丈，尾端分叉，蛇躲在山涧的水中，用尾巴来钩岸上的人和牛吞食。这条水边瘴气特别厉害，气中有个东西，虽然看不到它的形状，出动时却有声音，打着树木，树木就折断，打着了人，人就丧命，名叫鬼弹。只有十一或十二月还勉强可以渡河，如在正月到十月之间经过，无人不受其害的，所以郡里有犯人，就把他们流放到禁水旁，不出十日就都死了。禁水又往北流，注入泸津水，泸津水又往东流经不韦县北，然后往东北流，两岸都是几百丈的高山，其中以泸峰最为高峻秀丽，孤峰拔起，高三千余丈。此山在晋太康年间（280 — 289）崩塌，震得整个郡城都摇动起来。泸津水左右两岸，仅有小径相通，可步行或骑马，但时常有瘴气，三月和四月间经过这里，必死无疑，即使不在这个时候，也还要使人胸闷或呕吐。五月以后危害才较少。所以诸葛亮《出师表》说：五月渡泸，两天只吃一天的食粮，我不是不珍惜自己，只是因为王业不可能偏处蜀地一隅而保持安定的缘故。《益州记》说：泸水的源头出自曲罗雋，下流三百里才叫泸水。两峰有杀气，过去在酷暑季节是不能行走的，所以武侯把夏天渡泸水看作一件难事。泸水下流又汇合了诸水，但都以此水为总称，所以有泸江这水名。从朱提到焚道有水路和步行小路，水路有黑水、羊官水，极其艰险难行。要过三处险渡，行人深以为苦。所以民间谚语说：槽溪、赤水曲又弯，东流西转像蛇盘，太阳无光窗户昏，瘴气直与天相通，大汗淋漓爬山苦，柱杖小憩呼伴侣，床降小贩多苦劳，七里险路左肩熬。又有牛叩头坂和马搏颊坂，道路是这样艰险难行！

温　水

“温水出群柯夜郎县”条

原文

县，故夜郎侯国也，唐蒙开以为县，王莽名曰同亭矣。温水自县西北流，迳谈藁与迷水合，水西出益州郡之铜濑县谈虏山，东迳谈藁县，右注温水。温水又西迳昆泽县南，又迳味县，县，故滇国都也。诸葛亮讨平南中，刘禅建兴三年，分益州郡置建宁郡于此。水侧皆是高山，山水之间，悉是木耳夷居，语言不同，嗜欲亦异[①]。虽曰山居，土差平和，而无瘴毒。温水又西南迳滇池城，池在县西，周三百许里，上源深广，下流浅狭，似如倒流，故曰滇池也。长老传言，池中有神马，家马交之则生骏驹，日行五百里。晋太元十四年，宁州刺史费统言：晋宁郡滇池县两神马，一白一黑，盘戏河水之上[②]。有滇州，元封三年立益州郡，治滇池城，刘禅建宁郡也。温水又西会大泽，与叶榆仆水合。温水又东南迳牂柯之毋单县，建兴中，刘禅割属建宁郡。桥水注之，水上承俞元之南池，县治龙池洲，周四十七里，一名河水，与邪龙分浦。后立河阳郡，治河阳县，县在河源洲上。又有云平县，并在洲中。桥水东流至毋单县，注于温。温水又东南迳兴古郡之毋椒县东，王莽更名有椒也。与南桥水合，水出县之桥山，东流，梁水注之。梁水上承河水于俞元县，而东南迳兴古之胜休县，王莽更名胜焚县。梁水又东迳毋椒县，左注桥水，桥水又东注于温。温水又东南迳律高县南。刘禅建兴三年，分群柯置兴古郡，治温县。《晋书地道记》，治此。温水又东南迳梁水郡南，温水上合梁水，故自下通得梁水之称，是以刘禅分兴古之监南，置郡于梁水县也。

温水东南迳镡封县北，又迳来惟县东，而仆水右出焉。

注释

①木耳夷”即“曲头木耳”的昆明族人。他们居住在山区半山区，与居坝区的僰族和外地迁入的汉族语言不同，生活习惯各异。

②盘戏：犹游戏。

译文

夜郎县就是旧时的夜郎侯国，唐蒙开拓夜郎，设置为县，王莽称为同亭。温水从夜郎往西北流，经谈藁与迷水汇合。迷水发源于西方益州郡铜濑县谈虏山，往东流过谈藁县，在右岸注入温水。温水又西流，经过昆泽县南面，又流经味县，味县是旧时滇国的都城。诸葛亮平定南中，刘禅建兴三年（225），分益州郡另立建宁郡，治所就设在这里。水边都是高山，山水之间都是木耳夷的居住区，夷人语言不同，生活习惯也互异。他们虽说是结山而居，但土地比较平和，没有瘴气之毒。温水又往西南流经滇池城，池在县城西北，周围约三百里，上流的源头又深又阔，下流却又浅又狭，看来就像倒流似的，所以叫滇池。据老人们相传，说是池中有神马，与家马相交配，就产下骏驹，能日行五百里。晋太元十四年（389），宁州刺史费统说：晋朝宁郡滇池县有两匹神马，一匹是白马，一匹是黑马，在河水上嬉戏。有滇州，元封三年（前108）设置益州郡，治所在滇池城，就是刘禅的建宁郡。温水又往西流，汇入大泽，与叶榆仆水合流。温水又往东南流，经过牂柯的毋单县，建兴年间（223—237），刘禅把毋单县划入建宁郡。桥水在这里注入温水，桥水又名河水，上流承接俞元的南池，县治在龙池洲上，这片沙洲周长四十七里，俞元县与邪龙县以水口为分界。后来设置河阳郡，治所在河阳县，县城在河源洲上。还有云平县也在洲上。桥水往东流到毋单县，注入温水。温水又往东南流经兴古郡毋棳县东面，王莽改名为有棳。与南桥水汇合，南桥水发源于县内的桥山，往东流，有梁水注入。梁水上流在俞元县承接河水，往东南流，经过兴古郡的胜休县，王莽改名为胜焚县。梁水又往东流过毋棳县，在左岸注入桥水，桥水又往东流，注入温水。温水又往东南流，经过律高县南面。刘禅建兴三年（225），分群柯设置兴古郡，治所在温县。据《晋书地道记》，治所在此。温水又往东南流，经梁水郡南面，温水上流与梁水汇合，所以自此以下也就有了梁水的通称，刘禅划出兴古的监南，就在梁水县设立郡治。温水往东南流，经过镡封县北面，又经过来惟县东面，仆水在这里从右边分出。

湘 水

“又东北过重安县东，又东北过酃县西，承水从东南来注之”条

承水出衡阳重安县西邵陵县界邪姜山，东北流至重安县，迳舜庙下，庙在承水之阴。又东合略塘，相传云，此塘中有铜神，今犹时闻铜声于水，水辄变绿作铜腥，鱼为之死。承水又东北迳重安县南，汉长沙顷王子度邑也。故零陵之钟武县，王莽更名曰钟桓也。武水入焉，水出钟武县西南表山，东流至钟武县故城南，而东北流，至重安县注于承水，至湘东临承县北，东注于湘，谓之承口。临承即故酃县也。县，即湘东郡治也，郡旧治在湘水东，故以名郡。魏正元二年，吴主孙亮分长沙东部立。县有石鼓，高六尺，湘水所迳，鼓鸣则土有兵革之事①。罗君章云：扣之声闻数十里。此鼓今无复声。观阳县东有裴岩，其下有石鼓，形如覆船，扣之清响远彻，其类也。湘水又北历印石，石在衡山县南湘水右侧，盘石或大或小，临水，石悉有迹，其方如印，累然行列②，无文字，如此可二里许，因名为印石也。湘水又北迳衡山县东，山在西南，有三峰：一名紫盖，一名石囷，一名芙蓉。芙蓉峰最为竦杰③，自远望之，苍苍隐天。故罗含云：望若阵云，非清霁素朝④，不见其峰。丹水涌其左，澧泉流其右。《山经》谓之岣嵝，为南岳也。山下有舜庙，南有祝融冢⑤。楚灵王之世，山崩毁其坟，得《营丘九头图》⑥。禹治洪水，血马祭山，得《金简玉字之书》。芙蓉峰之东有仙人石室，学者经过，往往闻讽诵之音矣⑦。衡山东南二面临映湘川，自长沙至此，江湘七百里中，有九向九背⑧。故渔者歌曰：帆随湘转，望衡九面。山上有飞泉下注，下映青林，直注山下，望之若幅练在山矣。湘水又东北迳湘南县东，又历湘

西县南，分湘南置也，衡阳郡治。魏甘露二年，吴孙亮分长沙西部立治，晋湘南太守何承天，徙治湘西矣。《十三州志》曰：日华水出桂阳郴县日华山西，至湘南县入湘。《地理志》曰：郴县有耒水，出耒山，西至湘南西入湘。湘水又北迳麓山东，其山东临湘川，西傍原隰⑨，息心之士，多所萃焉⑩。

注释

①兵革：兵器和甲胄的总称。泛指武器军备。此处指战争。

②累然：排列有序貌。

③竦杰：高耸特出。

④清霁：雨止雾散。谓天气晴朗。

⑤岣嵝：衡山七十二峰之一，在湖南省衡阳市北。为衡山主峰，故衡山又名岣嵝山。古代传说，禹曾在此得金简玉书。

⑥山崩：悬崖、陡坡上岩石和砂土突然破裂、崩落的现象。

⑦讽诵：背诵，朗读，诵读。大声朗诵。

⑧九向九背：九次向山，九次背山。比喻水沿山转，山高水曲。

⑨原隰：低湿的平原地带。

⑩息心：静心，潜心。排除俗念，心无杂念。

译文

承水发源于衡阳重安县西边邵陵县边界的邪姜山，往东北流到重安县，流经舜庙下，庙在承水南岸。又东流与略塘汇合，相传此塘中有铜神，现在水中还时常能听到铜的响声，这时水就变成绿色，发出铜的腥味，鱼也死了。承水又往东北流经重安县南边，这是汉长沙顷王的儿子度的食邑。也就是旧时零陵的钟武县，王莽改名为钟桓。武水在这里注入承水，武水发源于钟武县西南的表山，东流到钟武县老城南边，然后转向东北，到重安县注入承水。承水流到湘东临承县北边，往东注入湘水，汇流处叫承口。临承就是旧时的酃县。临承县城也是湘东郡的治所，因老郡治在湘水以东，所以名为湘东郡。是魏正元二年（255），吴国君主孙亮分出长沙郡东部设立的。临承县有石鼓，高六尺，湘水从那里流过。石鼓发声。那个地区就有战事了。罗君章说：敲击石鼓，方圆数十里都可听到鼓声，但今天石鼓不再能发响了。观阳县东有裴岩，岩下有石鼓，形状就像翻过来的船，敲击时清越的声音传得很远，也是这一类。湘水又往北流过印石，印石在衡山县南边、湘水的右侧，大大小小的巨石，方正有如印章，石上都有痕迹，但无文字，在水边罗列成行，散布长达二里左右，因此名为印石。湘水又往北流经衡山县东边。山在西南，共有三座高峰：一座名叫紫盖，一座名叫石囷，一座名叫芙蓉。芙蓉峰最高峻雄豪，从远处望去，苍茫的山影隐没于天际。所以罗含说：遥望衡山有如阵云，不是雨后放晴，或清晨明朗的时候，就看不见山峰。丹水在左边腾涌，澧泉在右边流奔。衡山，《山经》称为岣嵝，就是南岳。山下有舜庙，南边有祝融墓。楚灵王时，山崩墓毁，却得到《营丘九头图》。禹治洪水时，杀马祭山，得到《金简玉字之书》。芙蓉峰东有仙人石室，读书人经过时，常常可以听到朗朗的读书声。衡山东南两面临水，倒映于湘江之中，从长沙到这里，沿湘水的七百里航程中，有九次面山，九次背山。所以渔夫唱道：风帆随着湘水转，眺望衡山有九面。山上有飞瀑下泻，与山下的青林相映，一直流到山下，望去宛中挂在山间的白绢。湘水又往东北流经湘南县东边，又流经湘西县南边，湘西县是从湘南分出来的，衡阳郡的治所就在这里。魏甘露二年（257），吴主孙亮分出长沙西部设置衡阳郡，治所在湘南，后来太守何承天把治所迁到湘西。《十三州志》说：日华水发源于桂阳郴县的日华山西，流到湘南县注入湘水。《地理志》说：郴县有耒水，发源于耒山西边，到湘南以西注入湘水。湘水又往北流经麓山东边，麓山东临湘水，西边挨着低洼的平原，看破功名利禄的人，不少都荟萃于此。

赣　水

“又北过南昌县西”条

原文

吁水出南城县，西北流迳南昌县南，西注赣水。又有浊水注之，水出康乐县，故阳乐也。浊水又东迳望蔡县，县因汝南上蔡民萍居此土，晋太康元年，改为望蔡县。浊水又东迳建成县，汉武帝元光四年，封长沙定王子刘拾为侯国，王莽更名之曰多聚也。县出燃石①，《异物志》曰：石色黄白而理疏，以水灌之便热，以鼎著其上，炊足以熟，置之则冷，灌之则热，如此无穷。元康中，雷孔章入洛，赍石以示张公。张公曰：此谓燃石。于是乃知其名。浊水又东至南昌县东，流入于赣水。赣水又历白社西，有徐孺子墓。吴嘉禾中，太守长沙徐熙于墓隧种松，太守南阳谢景于墓侧立碑。永安中，太守梁郡夏侯嵩于碑傍立思贤亭。松大合抱，亭世修治，至今谓之聘君亭也。赣水又北历南塘，塘之东有孺子宅，际湖南小洲上。孺子名稚，南昌人，高尚不仕，太尉黄琼辟不就。桓帝问尚书令陈蕃：徐稚、袁闳，谁为先后？蕃答称：袁生公族，不镂自雕；至于徐稚，杰出薄域②，故宜为先。桓帝备礼征之，不至。太原郭林宗有母忧③，稚往吊之，置生刍于庐前而去。众不知其故，林宗曰：必孺子也。《诗》云：生刍一束，其人如玉。吾无德以堪之。年七十二卒。赣水又迳谷鹿洲，即蓼子洲也，旧作大艑处④。赣水又北迳南昌县故城西，于春秋属楚，即令尹子荡师于豫章者也⑤。秦以为庐江南部，汉高祖六年，始命陈婴以为豫章郡，治此，即陈婴所筑也。王莽更名，县曰宜善，郡曰九江焉。刘歆云：湖汉等九水入彭蠡，故言九江矣。陈蕃为太守，署徐稚为功曹，蕃在郡不接宾客，惟稚来，特设一榻，去则悬之，此即悬榻处也。建安中，更名西安，晋又名为豫章。城之南门曰松阳门，门内有樟树，高七丈五尺，大二十五围，枝叶扶疏，垂荫数晦[6]。应劭《汉官仪》曰：豫章，樟树生庭中，故以名郡矣。此树尝中枯，逮晋永嘉中，一旦更茂，丰蔚如初，成以为中宗之祥也[7]。《礼斗威仪》曰：君政讼平，豫樟常为生。太兴中，元皇果兴大业于南，故郭景纯《南郊赋》云：弊樟擢秀于祖邑是也[8]。以宣王祖为豫章故也。赣水北出，际西北历度支步，是晋度支校尉立府处。步，即水渚也。赣水又迳郡北为津步，步有故守贾萌庙，萌与安侯张普争地，为普所害，即日灵见津渚，故民为立庙焉。水之西岸有盘石，谓之石头，津步之处也。西行二十里曰散原山，叠嶂四周，杳邃有趣[9]。晋隆安末，沙门竺昙显建精舍于山南，僧徒自远而至者相继焉。西北五六里有洪井，飞流悬注，其深无底，旧说洪崖先生之井也。北五六里有风雨池，言山高濑激，激著树木，霏散远洒若雨。西有鸾冈，洪崖先生乘鸾所憩泊也[10]。冈西有鹄岭，云王子乔控鹄所迳过也。有二崖，号曰大萧、小萧，言萧史所游萃处也。雷次宗云：此乃系风捕影之论，据实本所未辩，聊记奇闻，以广井鱼之听矣。又按谢庄诗，庄常游豫章，观井赋诗。言鸾冈四周有水，谓之鸾陂，似非虚论矣。东大湖十里二百二十六步，北与城齐，南缘回折至南塘，本通章江，增减与江水同。

注释

①燃石：传说中一种石头，灌水则发热。

②薄域：穷乡僻壤。

③母忧：母亲的丧事。

④大艑（biàn）：大船。

⑤春秋：古代名，此处指公元前770—前476年中国各诸侯国争霸的时代。

⑥晦（mǔ）：古同“亩”。

⑦丰蔚：繁茂。

⑧擢秀：擢，抽，拔；秀，生长茂盛的植物。比喻人才秀出。

⑨杳邃：幽深貌。

⑩憩泊：犹栖息。

译文

盱水发源于南城县，往西北流经南昌县南边，西流注入赣水。又有浊水注入，浊水发源于康乐县，就是旧时的阳乐。浊水又往东流经望蔡县，因为汝南上蔡的人民流寓在这里，所以在晋太康元年（280）改为望蔡县。浊水又往东流经建成县，汉武帝元光四年（前131），将这地方封给长沙定王的儿子刘拾，立为侯国，王莽改名为多聚。该县出产燃石，《异物志》说：燃石呈黄白色，质地疏松，浇水就会发热，把锅搁在上面，就可以把东西烧熟。放着不动它就冷，浇水就热，可以无穷无尽地用下去。元康年间（291－299），雷孔章去洛阳，带了这种石头给张公看。张公说：这叫燃石。这才知道这种石头的名称。浊水又往东流到南昌县，往东流入赣水。赣水又流经白社西，有徐孺子墓。吴嘉禾年间（232—238），太守长沙人徐熙在墓道旁植松，太守南阳谢景在墓旁立碑。永安年间（304），太守梁郡人夏侯嵩在碑旁造思恩贤亭。松树大可合抱，亭子世代修缮，现在称为聘君亭。赣水又往北流经南塘，塘东有孺子故居，在湖南小洲边。孺子名稚，南昌人，品格高尚，不肯做官，太尉黄琼征召他，他不去。桓帝问尚书令陈蕃：徐稚、袁闳二人，论排行谁该居先？谁该在后？陈蕃答道：袁生是公子，不必别人抬举，自己早已出人头地了；至于徐稚，是在穷乡僻壤脱颖而出的，所以排行应当居先。桓帝准备了礼品征召他，他不肯去。太原郭林宗母亲去世，徐稚去悼吊，在墓前放了一束新割的青草后离去。人们都不知道这是什么意思，郭林宗说：那一定是孺子了。《诗》说：青草一束，其人如玉。我没有这么高的德望可以当得起呀！徐稚到七十二岁去世。赣水又流经谷鹿洲，就是蓼子洲，过去是建造大船的地方。赣水又往北流经南昌县老城西边，南昌县在《春秋》中属楚国，令尹子荡出兵就是这地方。秦时作为庐江郡的南部都尉治，汉高祖六年（前201）才派陈婴去平定豫章，设置南昌县，郡治也在这里，城就是陈婴筑的。王莽改名，县称宜善，郡名九江。刘歆说：湖汉等九水注入彭蠡，所以叫九江。陈蕃做太守，任徐稚为功曹，陈蕃在郡里从不接待宾客，只有徐稚来，才特地为他摆了一张坐榻，他去后就挂起来，这里就是悬榻的地方。建安年间（196－220），改名西安，晋时又名豫章。豫章城的南门叫松阳门，门内有樟树，高七丈五尺，大二十五围，枝叶扶疏，树荫掩蔽的地面广达数亩。应劭《汉官仪》说：豫章有樟树生在庭院中，所以作为郡名。此树一度曾经枯凋，到晋永嘉年间（307－313）忽又茂盛起来，枝叶繁茂犹如当年，人们都以为是中宗的吉祥征兆。《礼斗威仪》说：君王政治修明，诉讼平息，豫樟就常常盛长。太兴年间（318－321），元帝果然在南方振兴起大业，所以郭景纯《南郊赋》说：在祖先的城邑里，凋萎了的樟树又长出一片绿荫。这是因为宣帝的祖先来自豫章之故。赣水往北流，在郡城西北流过度支步，这是晋度支校尉设立官署的地方。步，就是水边。赣水又流经郡北的渡头，渡头上有从前的郡守贾萌的祠庙。贾萌与安侯张普争地盘，被张普谋害，当日鬼魂在渡头水边显灵，所以百姓为他立庙。赣水西岸有巨石，叫石头，是渡头的所在地。西行二十里，有散原山，四周峰峦层沓，山深谷远，别有幽趣。晋隆安（397－401）末年，僧人竺昙显在山南修建寺院，僧徒从远方来这里的络绎不绝。西北五六里处有洪井，上有瀑布，飞泻直下，注入井中，深不可测，旧时传说这是仙人洪崖先生的井。往北五六里有风雨池，说是因山高滩急，飞流冲激到树木，水花就飘散远洒，像下雨一样。西边有鸾冈，是洪崖先生骑鸾停下休息的地方。山冈西有鹄岭，传说是仙人王子乔驾鹄经过的地方。有两座石崖，称为大萧、小萧，传说是萧史游憩的地方。雷次宗说：这都是捕风捉影的话。我本来就没有对那些事迹作过鉴别，只是聊以记下奇闻异事，以增广见闻罢了。谢庄常游豫章，见过此井，又写过诗。按他的诗，说鸾冈四周有水，叫鸾陂，好像这些说法又不是毫无根据的。东大湖十里二百二十六步，北面与城相平，南面弯弯曲曲，通到南塘，此湖本来与章江相通，湖水的涨落与江水相同。

古韵体验

Gu Yun Ti Yan

水经注

水经注是一部跨越时代的伟大作品，他用鲜活的笔触向我们展示了远古的地理人文风貌。随着朝代的更迭与时代的变迁，有些东西在今天也许只具备了参考的价值，但在深挖细掘下，你会发现，水经注向你讲述的，绝不仅仅局限于山川河流这狭窄的地理知识，作者用含蓄的语峰，为你揭示了朝代兴衰，人物崛起与没落的必然规律。

放眼天下，当今之中国，在世界范围内，迈着矫健的步伐，走在豪迈崛起的征途上。水经注用一条横向的轨迹，将大好河山拱手捧到你面前。又用一条纵向的轨迹，让那些带着历史尘烟的往事，撕开尘封已久的面纱，再度回归。观山观水观天下，读书读己读人生。《水经注》的水道体系，是本书的血脉，宛如河流是大地的血脉一般。《水经注》更是一部伟大的爱国主义著作。郦道元当时身处政局分裂时代，他向往祖国统一，着眼于《禹贡》所描写过历史上曾经出现过的版图广大的祖国，他利用属于全国的自然因素河流水系来作纲，可以把当时人为的政治疆界的限制打破了，从而充分体现他要实施祖国统一的决心。

地理现象是在经常变化的，上古情况已很渺茫，其后部族迁徙、城市兴衰、河道变迁、名称交互更替等等都十分复杂，郦道元在以水道为纲，描述着经常变化中的地理情况。走到二十一世纪的今天，这些河流和水道体系，有些早已变得面目全非。但在那些饱满而深沉的叙述中，我们还是可以感受到，山川河流透过郦道元的语言，将大自然的魅力和威力尽情地展现着。自然与人和谐统一，血脉相连，水，可滋润万物，也可毁城灭地。那一场咆哮而来的洪水，仿佛是带着对人类所有的愤恨，摧枯拉朽。那一涓温润的细流，又好像带着对人类所有的敬意，脉脉流淌。只有黄河、长江，以千古不变的姿态，向我们诉说着，江海成其大，以其善纳百川的包容精神。

王朝的更改，让我们领略了战争的残酷和实力的重要。在人类赖以繁衍的土地上，战争好像离我们很远，但其实从未真正走远。攻城掠地间，王城已变了姓氏，生死一线间，皇宫已换了主人。《水经注》里记述了很多发生在河流与城池之间的战役，当人才积聚的时候，也是王朝的实力最强大的时候，人才的凋零便是王朝覆灭的先兆，于家、国、天下而言，人才永远都是最宝贵最核心的竞争力。人心凝固时，所有的叛乱都不堪一击，人心焕散了，便会四方豪强俱起。所以，何为道，道便是人心，得人心者方能安天下。在沔水一章中，作者描述了诸葛武侯逝世，百姓自发于野祭拜，反映了人心的归附。能建不世功勋者，都是将一己私利放在后面，将国家、百姓命运放在前面的贤人。鞠躬尽悴，死而后已，这千古的名句，激励着现代社会一批批爱者志士，走在祖国复兴与和平崛起的伟大事业上。

郦道元的命运，没有《水经注》的命运好，在这部不朽的名著刚刚完成之际，郦道元就被奸臣所害，魂游太虚了。郦道元生前的所有事迹，随着《水经注》留给了后人，而其它的作品，早已被流光所吞覆，在郦道元的身后，北魏王朝也走到了尽头。郦道元生前刚正不阿，惩办豪强，为民请命，他所管治的都邑，坏人都吓得跑掉了，可他得罪的权贵中，又岂都是君子贤王，为了面子吗？是极端自私的报复心理在作怪吧，皇亲国戚演了一出借刀杀人的诡计，便让耿直贤臣丢了性命。郦道元是不负于时代的，留得千古芳名。而他的死，却仍让后人感到了深深的遗憾，或许，做人当圆融处事，如何不得罪人就能办成一桩桩利国利民的好事，得需要多大的智慧和运气呀。

郦道元用这本旷世的奇书，向后人展示了他的惊世之才。《水经注》描写景物，大气磅礴，荡人心魂。在浍水一章中，他用“寒泉奋涌，扬波北注，悬流奔壑，一十许丈。青崖若点黛，素湍如委练。”这样极富炫染力的句子，带着极强的张力，将奇观美景烘托得精彩纷呈。才华的养成非一朝一昔之功，郦道元自幼苦读，少时便开始游历，理论知识加上实践知识的经年积累，让他在进行创作的时候，既有写实之功，又有理想之貌。文人风骨隐于字里行间，官员意识又让他的著作，极具使命感和责任感。在郦道元的身后，站着的是北魏王朝，周围多国环伺，征服与被征服是北魏在各国之间，轮番扮演的角色，而郦道元一直深陷其中。但这并不影响他施展才华，他的才华在战场、官场和著作中，肆意地挥洒着。

若是世间有一种叫因果的关系，那《水经注》的形成与流传，就不是偶然，而是必然。《水经注》是在灰烬中完成了生命的蜕变，并在大唐被广泛引用，直到今天，让21世纪的我们，仍然可以领略古河流的无穷魅力，让后人可以依据《水经注》这部著作，复原了北京周围古代水利工程，研究了毛乌素沙漠的历史变迁。那么，《水经注》也必然会在有心人的手中，发挥出更大的价值。它也必将带着独具的风彩，在中华地理学乃至世界地理学中，更广泛地流传，并藉着它无与伦比的力量渗透到更广阔辽远的苍茫大地。

延伸阅读

Yan Shen Yue Du

水经注

文化延伸

——与本书内容有关的图书、影视

《山海经》
作者：不详

研究缩影

《山海经》是中国先秦重要古籍，也是一部荒诞不经的奇书。《山海经》有自然地理记述。这包括记载了许许多多的山，如“堂庭之山”“杻阳之山”“青丘之山”“箕尾之山”等，而每座山的命名是根据山的地貌而定的，这些山也体现了山系的走势；以及极其丰富的水文记载，河流大都记明了源头和注入之处，河流的发源地可以在某一山麓，而它的注入处却远离此山，记述者对于水文的记载时也注意到河流干流的全貌，因此有学者认为：《山海经》是中国的第一部地理志。

《汉书·地理志》
作者：班固

研究缩影

班固生活的时代是汉朝已建立了200多年之际，王朝空前统一和强盛，经济发达，版图辽阔，陆海交通发达。地理知识的积累远非《山海经》和《禹贡》时代可比，社会生活和管理对地理知识的需要也空前迫切。地理撰述不再近则凭证实，远则凭传闻，而是国家掌握的各地方当局的直接见闻，乃至相当准确的测绘和统计了。班固对正史《地理志》的开创之功不可忽视。

《尚书·禹贡》
作者：大禹

研究缩影

中国第一篇区域地理著作。是战国时魏国的人士托名大禹的著作，因而就以《禹贡》名篇。《禹贡》是在生产力水平不高、巫风盛行的历史条件下撰写的。它突破了早期著作中传播的许多神秘观念，比较朴实地记录了全国范围内各种地理现象，是中国早期区域地理研究的典范，成为《水经注》、《元和郡县图志》，以及唐、宋以来许多地理著作痒引的对象。也是今天研究中国历史地理的重要参考文献。

名家链接

1.裴秀

裴秀(223-271年)字季彦，河东闻喜(今山西闻喜县)人。出于政治和军事需要，裴秀立意制作新图。他领导和组织编制成《禹贡地域图》18篇，这是中国和全世界见于文字记载的最早历史地图集。为了便于应用，他还将一幅篇幅过大(用娟八十匹绘制)的《天下大图》缩制成以寸为百里(比例尺 1:1,800,000)的《地形方丈图》，图上载有名山都邑，为军政管理提供了科学依据。裴秀提出的这些制图原则，是绘制平面地图的基本科学理论，为编制地图奠定了科学的基础，它一直影响着清代以前中国传统的制图学，在中国地图学的发展史上具有划时代的意义，在世界地图学史上占有重要地位。他和郦道元、徐霞客被后世尊称为中国古代三大著名地理学家。

2.徐霞客

徐霞客(1587-1641)，原名弘祖，字振之，别号霞客，幼年好学，博览图经地志。足迹所到，北至燕、晋，南及云、贵、两广，旅途中备尝艰险。其观察所得，按日记载。死后季会明等整理成富有地理价值的《徐霞客游记》。他对喀斯特地貌类型分怖和差异，有详细的考察和科学的记述。是中国和世界广泛考察喀斯特地貌的卓越先驱。纠正了文献记载的关于中国水道源流的一些错误。他在中国古代地理学史上做出了超越前人的贡献，特别关于喀斯特地貌的详细记述。经后人编辑成60余万字的《徐霞客游记》，不但具有极高的科学价值，而且具有很高的文学价值，被誉为“千古奇书”。

经典语录

1. 河者，水之气，四渎之精也，所以流化。

2. 巴东三峡巫峡长，猿鸣三声泪沾裳。

3. 泉源上奋，水涌若轮。

4. 水德含和，变通在我。

5. 乱世用重典。

6. 今池水东西七十里，南北十七里，紫色澄清，潭而不流。水出石盐，自然印成，朝取夕复，终无减损。

7. 黄河在砥柱山以下，合有十九滩，水流迅急，势同三峡，破害舟船，自古所患。

8. 俯视游鱼，类若空悬矣。

9. 水色清澈，漏石分秒。

10. 高者千仞，多奇形异势，自非烟褰雨霁，不辨见此远山矣。

11. 竹柏之怀，与神心妙远：仁智之性，共山水效深。

12. 澄渟镜净，潭而不流，若安定朝那之湫渊也。

13. 风泉传响于青林之下，岩猿流声于白云之上，游者常若目不周玩，情不给赏。

14. 重岩叠障，隐天蔽日，自非亭午夜分，不见曦月。

15. 望黄沙，犹若人委于糒于地，都不生草木。

16. 山峰之上，立石数百丈，亭亭桀竖，竞势争高，远望，若攒图之托霄上。

17. 盖鸿衣羽裳之士，练精饵食之夫耳。

18. 浮图已坏，露盘尚存，炜炜有光明。

图书在版编目（CIP）数据

水经注/（北魏）郦道元著. -- 长春：北方妇女儿童出版社，2016.5（2021.2重印）
（中华国学经典全民阅读书库）
ISBN 978-7-5385-9103-3

Ⅰ.①水… Ⅱ.①郦… Ⅲ.①古水道-历史地理-中国 Ⅳ.①K928.4

中国版本图书馆 CIP 数据核字（2016）第 077742 号

水经注
SHUIJINGZHU

出 版 人 刘 刚
责任编辑 吴 桐
开 本 710mm×1000mm 1/16
印 张 13
字 数 165 千字
版 次 2016 年 2 月第 1 版
印 次 2021 年 2 月第 3 次印刷
印 刷 三河市华晨印务有限公司
出 版 北方妇女儿童出版社
发 行 北方妇女儿童出版社
地 址 长春市净月开发区龙腾国际大厦A座
电 话 总编办：0431-81629600

定 价 29.80 元